혼자서 시작하는
아트 테라피

혼자서 시작하는
아트 테라피

그림으로 마음의 안부를 묻다

주리애 지음

아트북스

일러두기

- 인명, 지명 등의 외래어는 국립국어원이 정한 표기법에 따르는 것을 기본으로 했으나 국내에 통용되는 고유명사의 경우 이를 우선으로 적용했습니다.
- 단행본·신문·잡지 제목은 『 』, 미술작품·시·영화 제목은 「 」, 전시회 제목은 〈 〉로 묶어 표기했습니다.

미술이 주는
마음의 평온

미술은 약간 엉뚱한 휴식이다. 그리고 꼭 필요한 휴식이다. 나는 누구에게나 미술이 즐거운 것이라고 주장하지는 않는다. 그렇지만, 그럼에도 '한번 해볼까' 하고 마음을 먹은 사람 모두에게 미술은 즐길 만한 것이 되어주리라고 믿는다.

뉴밀레니엄의 화두는 개인의 행복이다. 행복해지기 위해서는 사람마다 자신의 삶 속에서 미술과 음악, 체육에 사용하는 시간이 조금 더 늘어나야 한다. 행복을 돈으로 살 수는 없다. 그러나 시간으로 살 수는 있다고 본다. 시간을 어디에 어떻게 사용할 것인가 하는 점이 관건이다. 시간으로 행복을 산다고 가정하고, 미술과 음악, 체육 시간을 늘려보면 어떨까? 조건은 단 하나다. 자기 자신이 능동적으로 행동하는 시간을 갖는 것이다. 이를테면 인터넷에서 아름다운 사진을 보았다고 하자. 그것

역시 미술에 투자한 시간이라 볼 수 있지만, 능동적이라기보다는 수동적인 시간이다. 다른 사람의 경기를 관람하는 것도 체육에 투자한 시간이지만, 직접 몸을 움직이는 것만큼 자신에게 변화를 가져오지는 못한다. 수동적인 시간은 행복으로 전환되더라도 오래 지속되지 못하는 것 같다. 보다 능동적이라야 오래 유지할 수 있다.

전문 직업으로 미술·음악·체육을 하는 것이 아니라면, 그것 자체를 얼마나 솜씨 있게 해내는가 하느냐는 전혀 고민할 사항이 아니다. 뛰기를 잘 못한다고 해서 앞으로 뛰지 않을 셈인가? 노래를 가수처럼 잘하지 못한다고 해서 노래를 흥얼거리거나 부르지도 않고 살 것인가? 마찬가지다. 그림을 못 그린다고 그림을 안 그릴 것인가? 굳이 그렇게 선택한다면 어쩔 수 없지만, 미술과 음악, 체육은 생각이 많은 현대인에게 꼭 필요한 삶의 자양강장제다.

다행히 체육에 대한 관심은 전 국민적이다. 누구나 운동의 필요성을 알고 각자의 방식으로 운동을 생활화한다. 등산과 사이클, 헬스, 수영, 배드민턴 등 각자의 취향에 따라 접하는 종목도 다양하다. 음악에 대한 사랑 역시 전 국민적이다. 음주가무의 풍류는 역사에만 기록된 것이 아니라 일상생활과 사회생활 모두에 녹아 있다. 그에 비해 미술은 아직까지 널리 공유되고 즐거움을 주는 영역이 아니다. 진입장벽이 낮아졌다고는 하지만, 무엇을 어떻게 해야 할지 구체적인 방법을 잘 모르는 경우가 많다. 그러다보니 재미없거나 번거롭게 느껴지기가 쉽다. 미술 작업을 하는 것이 마음에 영향을 크게 미칠 수 있는데도, 직접 해보지 않으니 마음에 와닿지 않는다. 그나마 휴대폰 카메라가 좋아져서 자주 사진을 찍는 정도가 일상에서 널리 사용하는 미술 작업 방식이라 볼 수 있다.

회복과 위로,
성장과 행복

이 책의 목적은 미술을 통한 마음의 회복과 위로, 더 나아가 마음의 성장과 행복을 도모하는 것이다. 미술과 음악, 체육은 분명히 사람의 마음을 행복하게 만들 수 있다. 운동을 하면서, 또는 노래를 부르며 행복을 경험해본 사람들은 누구보다도 잘 알 것이다. 그렇게 얻은 행복이 꽤 오래 유지되며 힘이 있다는 사실을 말이다. 미술도 마찬가지다. 요즘처럼 자연환경이 변화하고 예상치 못한 시대적 난관에 부딪힐 때, 미술이라는 미지의 영역에 새롭게 도전해보면 좋겠다. 행복에 이르는 길이 하나만 있는 것보다는 여러 갈래로 다양하게 있는 편이 더 좋지 않을까.

새로운 시대 밀레니엄은 2000년에 시작되었지만, 2020년이야말로 이전과 전혀 다른 시대가 시작된 해였다고 할 만하다. 자연환경이 급격히 변화하고 있다는 경고는 2000년도부터 지속되어왔지만, 일상생활에까지 분명하고 두드러진 영향이 나타난 것은 정말 최근의 일이다. 기후가 변화했고, 태풍과 홍수, 가뭄과 산불이 끊이지 않는다. 바이러스의 위협으로 인해 삶의 제약도 많아졌다. 우리는 어떻게 살아남을 수 있을까. 이 험한 시기에 미술이라니, 한가함이 지나쳐서 무례한 것은 아닌지 주춤하게 된다.

생존의 위기가 단기간에 집중된 것이라면 이 책의 주제와 내용은 잊어버려도 좋다. 그러나 그 위기가 앞으로도 지속된다면 이 책의 내용은 필요하다. 위기 속에서 사람이 버텨내고 살아남기 위해서는 마음이 죽지 않아야 하기 때문이다. 긴장하고 스트레스를 견뎌온 마음에 위로와 휴식 그리고 여유가 필요하다.

본문에서도 언급하겠지만, 어렵고 힘든 시기를 겪은 때일수록 우리에게는 미술과 같은 엉뚱한 휴식이 필요하다. 예를 들어, 허리케인 카트리나가 휩쓸고 간 자리에서 자연재해를 입은 아이들과 가족들은 그림을 그리며 자신의 마음을 추스르는 시간을 가졌다. 9.11 테러로 많은 사람들이 죽고 사람에 대한 믿음이 흔들리던 때에도 말로 다 할 수 없는 고통을 이미지로 표현하며 그것을 버티고 감당해냈다.

스스로 경험하는
미술치료

미술은 말로 다 할 수 없는 것들을 품어주고 붙들어주며 시간을 견뎌내게 해준다. 삶이 흔들리거나 심란할 때, 가볍지만 무시할 수 없는 우울과 불안이 덮쳐올 때도 미술은 듬직한 친구가 되어준다. 우울이나 불안의 정도가 심각하다면 혼자서 해결하기보다는 전문적인 도움을 받아야하겠지만, 옅은 우울감이나 불안감이 불쑥 찾아올 때가 있다면 이 책에서 소개하는 미술 작업을 통해 해소하기를 권한다.

책은 크게 네 가지 주제를 중심으로 전개된다. 우울과 불안, 관계, 성숙이다. 1장의 '우울'과 2장의 '불안'은 사람들이 겪는 심리적인 고통 가운데 대표적인 감정이다. 사람마다 우울이나 불안의 양상이 다르고 원인도 다양하기 때문에 일괄적으로 접근할 수는 없다. 하지만 우울함이 느껴질 때 무슨 방법으로든 움직임과 변화를 시도하는 것이 중요하고, 불안감이 느껴질 때 삶의 속도를 줄이면서 자신의 인생길에 대해 돌아보는 시간이 필요하다. 책에는 이러한 순간에 따라 적절히 활용할 수 있는 미술 작업 주제들을 소개하고 있다. 그러니 책을 읽으면서 끌리는 것이 있다면 꼭 시도해보기를 추천한다.

3장의 '관계'에서는 가족과 같은 근원적인 관계를 염두에 두고 할 수 있는 미술 작업을 소개한다. 사회생활에서 만난 타인과의 갈등도 기본적으로 그 뿌리는 근원적 관계의 변용으로 본다. 마지막 4장은 '성숙'을 이야기한다. 본문에서도 다루지만 성숙은 모든 문제와 질문의 해답이며 삶을 살아가는 데 더 강하고 튼튼한 심장을 만드는 과정이다. 단어가 주는 부담감은 있지만, 미술 작업으로 소개하는 성숙은 오일파스텔의 느낌만큼이나 부드럽고 풍부한 경험을 가져다줄 것이다.

책에 소개된 미술 작업 주제와 방법은 미술치료 시간에 많이 활용하는 것들이다. 혼자서 작업하더라도 치유가 되게끔 설명하고자 했다. 원래 미술치료는 그 치료 과정에서 미술치료사의 역할이 6~7할, 미술 작업 자체가 3~4할의 비중을 차지한다. 그중 미술치료사의 역할이 빠졌으므로 남은 부분만으로 어떤 효과가 있을지 의심이 들 수도 있다. 확인하는 방법은 한 가지다. 바로 직접 해보는 것이다. 자신이 직접 작업을 해보면서, 작은 부분이 전체를 구원할 수도 있음을 체험하길 기대한다.

책의 대상 독자는 미술과 별로 친숙하지 않은 사람들, '나는 잘 못 그리는데'라는 생각으로 그림 그리기에 주저하는 사람들, 미술이 싫지는 않지만 굳이 해볼 생각을 하지 않았고 또 미술관에 가는 것도 익숙하지 않은 사람들이다. 그런 분들의 마음 안에는 가공되지 않은 삶의 보석이 몇 개쯤 박혀 있다. 앞으로 하게 될 미술 작업을 통해 그 보석 중 몇몇을 찾았으면 한다.

자신의 방식대로
즐기는 그림

마지막으로 이 책에 수록된 작품에 대해 잠깐 이야기하고자 한다. 내가 만들거나 그린 것을 제외하면 친오빠의 작품이 제일 많다. 책에서도 소개하지만, 우리 오빠는 고등학교 이후에는 그림과 전혀 상관이 없던 사람이다. 그런 오빠의 내면에 잠들어 있던 예술혼이 깨어난 것은 불과 4, 5년 전의 일이다. 이 책을 쓰기 시작하면서 나는 오빠 작품을 자료 사진으로 사용해야겠다고 생각했다. 내가 이야기하고자 하는 주제에 딱 들어맞았기 때문이다. 일반인이면서 미술과 그리 가깝지 않고, 우연한 기회에 미술을 시작했는데 매우 재미있어하고, 기교나 기술과 상관없이 자신의 방식대로 그린 그림, 그렇게 즐거운 그림!

나는 내가 쓰는 책에 대해 오빠에게 이야기한 뒤 작품 사진을 좀 찍자며 오빠네 집에 갔다. 그때만 해도 '잘 그리진 않았지만 즐겁게 그렸음이 느껴지는 작품'을 기대하고 갔다. 그런데 웬걸, 창의적인 데다 기교도 무르익어서 너무 잘 그린 작품들만 있는 게 아닌가. 잠시 고민했지만, 전문적인 화가가 아닌 미술을 즐기는 일반인으로 오빠보다 더 좋은 예를 찾기는 어려울 듯했다. 책에서 'H. Jue'로 소개한 작품들은 모두 오빠의 작품이고, 내가 그린 것은 'J. Jue'로 소개했다. 따로 작가 이름을 밝히지 않은 작품들은 책을 만들면서 기법을 보여주는 예시로 내가 만든 것들이다. 그렇게 작업을 하면서 나 역시 즐거운 시간을 보냈다.

혹시 독자들이 책 속 작품들을 보면서 너무 잘 그리거나 잘 만든 것들이라 자신과는 상관없다고 느낀다면, 멀지 않은 미래에 당신도 스스로 만족할 작품을 만들 거라고 얘기하고 싶다. 미술 작업은 산을 오르는 것과 비슷해서, 한 걸음 한 걸음 옮기다보면 어느새 꼭대기까지 오르게 된다. 그리고 내려오는 길에는 분명 '산 정상이 목표는 아니었어' 하며 상쾌한 마음으로 편안하게 웃을 것이다. 그러니 직접 그려보고 만들어보길 진심으로 권한다. 책에서 세세한 부분까지 하나하나 설명했다. 그렇게 한 이유는, 첫 출발점에서 길고 세밀한 설명이 일종의 응원이 되어주기 때문이다. 익숙해지고 나면, 책에서 읽었던 것들을 잊어버려도 좋다. 하지만 미술 엔진이 충분히 달구어지기까지는 책에 소개된 기법이나 주제, 재료가 도움이 될 것이다.

힘든 시절을 견디는 우리 모두에게 파이팅을 외친다.

2021년 초여름,
주리애

차례

2. 불안한 마음을 다스리는 미술

3. 관계 회복을 도와주는 미술

4. 성숙과 행복을 지향하는 미술

1

우울한 마음을
위로하는 미술

낯설고도 익숙한
우울

해마다 봄, 여름, 가을, 겨울은 어김없이 반복된다. 가끔 어느 한 계절이 짧기도 하고, 어느 한 계절이 두드러지거나 특별히 인상적인 경우도 있다. 가끔 끝나지 않을 것 같은 계절도 만나지만, 자연스럽게 다음 계절에게 자리를 내어준다. 이렇게 사계절이 반복되는 것처럼, 우울이라는 감정도 불쑥 찾아왔다 떠난다. 우울은 어떤 사람에게는 여름날 소나기처럼 가볍게 머물다가 떠나기도 하고, 또 어떤 사람에게는 긴긴 장마처럼 오래 머무르기도 한다. 우울은 사람들 대다수가 보편적으로 만나게 되는 감정으로, 짧거나 길게 강하거나 약하게 마음을 흔드는 상태 모두를 총칭한다.

지구상의 어느 지역에서는 여름이나 겨울이 없기도 하니, 우울을 경험해보지 않은 사람도 분명 있을 것이다. 이름이 다를 수도 있다. 어떤 사람은 우울하다는 말 대신 '힘들다'라고 하고, 길고 얕은 우울감을 '짜

이 작업은 그림일기의 한 페이지다.
미술치료 분야의 그림일기는 형식이 완전히 자유롭다.

증 난다'라고 표현하기도 한다. 우울의 색깔도 각양각색이어서, 손가락 하나 움직일 수 없는 무기력한 회색의 우울도 있고, 복수를 다짐하며 분노를 응축시킨 핏빛 우울도 있다.

나는 미술치료사로 일하면서 다양한 사람들을 만났다. 학교에서 따돌림을 당했거나 경쟁에 지쳤거나 부모와의 갈등으로 어려움을 호소하던 아동과 청소년, 진로를 찾지 못했거나 취업이 되지 않아서 괴로워하던 청년, 직장 내 갈등과 스트레스로 더 버티기 어렵다던 회사원을 만났다. 마음속 이야기를 할 수 있는 인간관계가 없어서 서글퍼 하는 사람도 있었고, 가까운 사람에게 자신의 이야기를 털어놓았다가 뒤통수를 맞았다고 분노하는 사람도 있었다. 이들이 자주 하던 말 중에는 '무시당했다' '외롭다' '왜 사는지 모르겠다' '과거를 되돌리고 싶다' 등이 있었다. 이러한 말의 기저에는 모두 크고 작은 우울감이 깔려 있다.

메시지를 품은
표식

　우울은 그 자체로 무거운 짐이면서 동시에 어떤 것을 알려주는 표식이나 사인sign으로 볼 수 있다. 그렇게 생각하면 우울이 항상 나쁜 것만은 아니다. 우울이 담고 있는 메시지를 천천히 들여다보자. 지금 걷고 있는 인생 행보가 너무 버거우니 조금 가볍게 가라거나 방향이 잘못된 것 같으니 다른 방향을 시도해보라거나, 여기 이 장소와 장면이 당신에게 맞는지 다시 돌아보라고 말하고 있을 것이다.

　우울은 재료 같은 것이기도 하다. 그 재료를 빚어서 한층 깊이를 더하면 성숙으로 만들 수 있다. 반면 때때로 우울이 다른 요소들과 결합되면 한층 독하고 강한 녀석이 되어 곤경에 처할 수도 있다. 만약 자신이 경험하는 우울에 다음과 같은 특징이 있다면 전문가의 도움이 필요하다.

- 잠을 잘 못 잔다. 혹은 제대로 잠을 자본 지가 오래되었다.
- 식사 시간이 매우 불규칙하고, 먹는 것도 귀찮다.
- 만성적으로 피로하다.
- 사는 게 재미가 없다.
- 마음으로 도저히 용서할 수 없는 기억/대상이 있다.

혹시 위의 항목 중 자신의 상태가 세 개 이상 해당한다면 전문가를 만나볼 것을 권한다. 힘들고 아픈 부분을 마냥 참기보다 돌파구를 찾기 바란다. 한두 개 정도만 해당한다면 이 책에서 제시하는 '자가미술치료'를 시작해보는 것은 어떨까.

나는 책에서 다양한 미술치료 방법을 소개하려고 한다. 혼자서도 할 수 있는 방법이라서 '자가미술치료'라고 이름 붙였다. 그런데 미술치료는 원래 미술치료사와 함께하는 치료 여정이다. 미술이란 본질적으로 감각을 일깨우고 증폭시키는 것이기 때문에 그 과정과 결과는 대체로 무해하며 마음의 정화에 도움이 된다. 하지만 예민해진 감각이 외려 마음의 상처나 고통을 더 뚜렷하게 기억나게 하는 경우도 있고, 미술 작업으로 인해 증폭된 감각이 억눌렸던 감정과 결합되면서 예상치 못한 감정의 분출을 경험할 수도 있다. 그래서 미술치료사가 옆에 있으면서 분출 과정이 파괴적으로 흐르지 않도록 감정을 살피고, 감각의 예민함 때문에 다시 다치지 않도록 완급을 조절해준다. 어딘가에 막혀서 정체되어 있을 때에는 물꼬를 트는 질문을 하거나 새로운 시각을 더해주면서 경험의 세계를 풍성하게 촉진해주기도 한다. 마음 아픈 이야기가 나왔을 때 공감해주는 것도 미술치료사의 역할이다. 그렇다면 꼭 미술치료사가 있어야만 미술의 치유 효과를 누릴 수 있을까? 얼핏 생각하면, 미술 작업을 즐기고 사

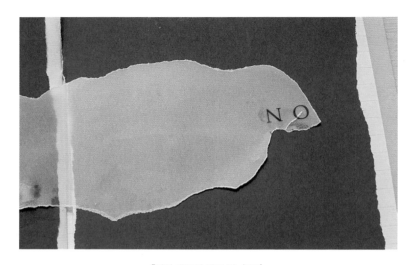

「정말 힘들게 꺼낸 말, 'NO'」
그림일기의 일부분이다. 손으로 종이를 찢어 붙이는 것만으로도 이미지가 만들어진다. 사용한 재료는 줄이 그어져 있지 않은 공책, 색종이, 반투명한 기름종이와 풀이다.

랑하는 사람이라면 누구든 미술의 치유적 효과를 누릴 수 있을 것 같다. 그런데 전문 화가들 가운데 자해하거나 심각한 우울증 또는 정신병으로 힘들어한 사람도 있지 않은가? 예술이 치유적 효과가 있다면 그들은 왜 좋아지지 않았을까?

이러한 의문은 미술치료 분야에서도 진지하게 다루어졌다. 미술치료의 정의와 의미, 효과에 대해서 미술치료가 일종의 사상idea인가 직업profession인가 하는 학술적 논쟁이 가장 활발하게 불타올랐다. 미술치료를 '사상' 내지 '견해'라고 보는 입장에서는 미술 자체의 치유와 회복의 힘을 믿으며 미술 작업에 깊이 몰입하는 것으로도 충분히 치료 효과를 누릴 수 있다고 본다. 그에 비해 미술치료를 '전문 분야로서의 직업'이라보는 입장은 검증된 전문가와의 상호작용 안에서 미술치료 과정이 이루어져야 효과가 있다고 본다.

나는 이 두 가지 입장이 배타적이라기보다는 서로의 부족한 부분을 채워주는 상호보완적인 것이라고 생각한다. 치유가 필요한 이들 가운데 어떤 이는 혼자서 미술 작업에 깊이 몰입하는 것만으로도 마음의 상처를 씻어낼 수 있다. 미술 작업이 주는 즐거움이 위로가 되고 격려가 되며 새로운 힘이 되는 때는 많다. 하지만 어떤 이들은 스스로 감당하기 어려운 심적 고통을 느껴서 미술 작업을 하다가도 종종 파괴적으로 변하는 마음을 느끼기도 한다.

미술 작업 자체를 치유라고 단정 지을 수는 없지만 그렇다고 치유가 안 된다고 말할 수도 없다. 미술 작업의 심리적 결과는 유동적이다. 분명한 것은 미술 작업이 감각을 활성화하며 그 감각이 감정을 증폭시킨다는 사실이다. 그래서 혼자 미술 작업을 하는 것만으로도 감각 지평을 새롭게 열 수 있고, 감정을 정화할 수 있다. 앞서 언급한 대로 우울의 정도가 깊다면 혼자서 치료하기보다는 전문가를 만나는 것을 추천하지만, 정도가 심하지 않다면 자가 치유를 시도해보자.

치유 목적의 미술 작업을 하기 위해서는 특별한 재능이나 솜씨는 중요하지 않다. 오히려 기술은 방해가 될 수 있다. 그리기 기술을 연마한 미술 전문가들의 경우에는 미술 작업을 통해 휴식을 갖거나 회복하는 것이 어려울 수 있다. 탁월한 코미디언이 집에서 가족을 웃게 하거나 스스로를 즐겁게 만들기 힘든 것과 비슷하다. 미술을 직업으로 하는 전문가들의 휴식과 회복은 운동이나 음악 등 미술 이외의 영역에서 이루어질 것이다.

움직이자,
감각에 파동을 주자

미술치료는 이미지와 색채, 미술이 지니는 치료 효과를 활용하는 것이다. 눈으로 보는 것은, 귀로 듣는 것보다 더 강력할 때가 많다. 오죽하면 백문百聞이 불여일견不如一見일까. 만약 선 하나라도 그을 수 있다면, 이 강력한 무기를 쓸 준비가 된 것이다. 우울은 마음을 옴짝달싹 못하게 묶어놓는 아주 강력한 쇠사슬이지만, 구멍이 전혀 없는 것은 아니라서 조금씩 움직이다보면 묶인 쇠사슬 사이로 틈이 벌어진다.

손에 들고 있는 어떤 도구든 사용해서 선을 그어보자. 몸을 많이 움직일수록 좋다. 앉은 자리에서 손만 움직이기보다는 팔을 크게 휘둘러서 어깨까지 움직일 수 있으면 더 좋다. 일어서서 무언가를 그려본다면 더욱 좋다. 점 하나, 선 하나에서 시작하자. 화면이 넓어서 움직임이 커지거나, 일어섰다 앉았다를 반복하며 그린다면 움직임의 종류가 다양해질 것이다. 움직이는 만큼 잠들었던 에너지를 깨우게 되므로 몸을 사용해서 그림을 그려보자.

몸을 움직이는 것을 강조했는데, 몸만 움직여도 우울을 털어내는 효과가 있지 않느냐고 반문할 수 있을 것 같다. 군이 그림까지 그려야 하느냐고 물으면서 말이다. 물론 몸을 움직이는 것만으로도 충분히 좋다. 여기에 시각 채널을 함께 사용한다면, 체성감각과 시각 자극이 동시에 활성화된다. 이처럼 두 가지 이상의 감각 채널을 사용하면 풍부한 감각 경험이 입력되어 마음에 파동을 일으키기에 좋다. 가라앉은 에너지를 다시 순환시키기에 더없이 좋은 것이다. 우울은 움직이지 않으려는 습성이 있다. 그것을 다시금 움직이게 만들고 뛰게 하려면, 한 가지 감각 채널보다 두 가지 이상의 감각을 활용하는 일이 더 도움이 될 수 있다.

눈으로 보는 것은 인지 능력에 강력한 영향을 미친다. 사람은 오감을 사용하지만, 여러 감각 정보 가운데 일차적으로 신뢰하고 의존하는 것은 시각 정보다. 가령 놀이공원에서 살짝 기울어진 길을 걷도록 하고 그 주변으로 배경이 빙빙 돌아가게 만들어두면 누구나 제대로 걷지 못하고 넘어진다. 신체감각은 아주 작은 경사를 느끼지만, 시감각은 현란하고 혼란스러운 환경에서 경사각을 더 크게 인지하게 된다.

움직이자. 우울하고 가라앉을 때는 움직이기 싫다는 거부감이 크기도 하지만, 그래도 움직이자. 감각에 파동을 주어서 마음이 깨어나도록 하자.

스스로 하는 미술치료지만, '치료'라니 그 이름이 부담스러울 수도 있겠다. 뭔가 아픈 사람들만 하는 것인가 싶겠지만 부담스럽게 생각할 필요는 없다. 살면서 잠시 느끼는 아픈 마음을 위로해주는 방편이라 보면

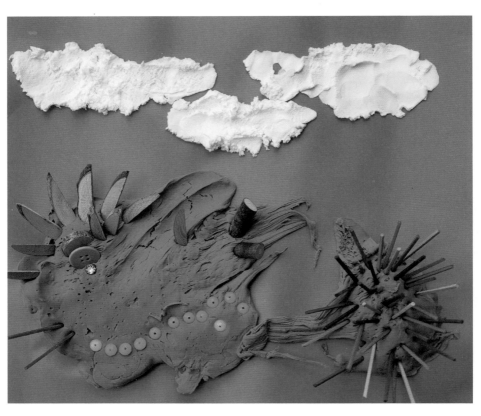

「내 마음에 살고 있는 공룡과 뾰족한 가시가 돋은 공룡알」
색 도화지 위에 두 가지 종류의 점토와 나무조각, 컬러 나무 막대, 단추와 비즈 등을 사용했다.

된다. 잘 그려야 할까? 나도 모르는 내 안의 이상한 면이 나타나서 괜히 마음만 더 무거워지는 건 아닐까? 약간의 걱정이 꼬리에 꼬리를 문다 하더라도, 그냥 시작해보자. 시작하기 전에 떠오르는 갖가지 모양의 근심에게 옆으로 조금만 비켜보라고 하자. 잘 그리지 않아도 되고, 이상하게 보여도 상관없다. 설사 이상한 면이 나타난다면 그 또한 새로운 내 모습이니 환영하며 즐기자.

미술 작업은 시간이 지나도 작품이 그대로 남아 훗날 살펴보기에 유용하다. 우울한 사람들은 의미를 찾고 싶어 하는데, 시간이 흘러도 여전히 남아 있는 시각적 증거는 특히 도움이 된다. 그래서 사진이나 일기, 편지, 각종 추억이 담긴 물품은 이들에게 소중하다. 미술치료로 작업한 작품들은 마음의 엑스레이이자 감정의 농축이 진하게 담긴 결과물이라서 시간이 흐른 뒤 다시 펼쳤을 때 자신의 성장과 변화, 노력의 과정을 되짚어볼 수 있다. 사람들은 종종 '그때 제가 진짜 이랬나 봐요'라며 자기 작품을 보고 놀라곤 한다.

미술은 언제나
열린 문

　자신의 과거를 떠올려보자. 무엇인가 그리거나 만드는 행위가 지금보다 훨씬 더 친숙하지 않았던가? 클로버 꽃으로 반지와 팔찌를 만든다든가 바닷가에서 모래로 집을 지었던 기억이 있을 것이다. 흙바닥이 많이 보이던 시절에는 돌멩이를 쥐고 흙에 이것저것 그리기도 하고, 돌, 꽃, 풀 등으로 소꿉놀이를 하며 성장했을지도 모르겠다. 그러다 나이가 들고 도시에서 흙바닥을 찾기도 어렵고, 휴가를 맞아 바다에 가더라도 그곳에서 모래성을 쌓을 마음은 들지 않는다. 결과가 더 중요시되는 사회에 익숙해져서일까, '어차피 부서질 건데, 뭐' 하는 생각이 들면 모래성 쌓기 같은 놀이는 어른의 영역에서 빠져버린다. 그래도 미술은 여전히 열려 있다. '해볼까' 하는 마음만 있으면 누구에게라도 말이다. 미술이 직업이 아닌 사람에게 더 넓은 가능성과 기회의 문으로 열려 있다. 이는 새로운 방식

H. Jue, 「달 달 무슨 달 쟁반같이 둥근 달 어디 어디 떴나? 내 가슴 속에 떴지」, 한지에 혼합재료

의 즐거움이며, 자신을 비추어보고 자기감정을 충분히 표현할 수 있는 하나의 언어다.

내게 그러한 믿음이 한층 더 깊어졌던 계기는 다름 아닌 내 친오빠의 작업을 보면서였다. 40대 중반의 어느 날, 나는 오빠에게 유화 그리는 방법을 소개해주려 캔버스와 붓, 물감, 기름, 그 외 자질구레한 것들까지 바리바리

H. Jue, 「물감으로 즐겁게」, 캔버스에 유채

싸 들고 오빠네 집으로 갔다. 오빠가 요즘 와인을 너무 자주 마시는 것 같다는 새언니의 걱정을 듣고, 술보다 더 재미있는 게 무엇이 있을까 하다가 미술 작업을 떠올렸다.

한 살 터울 남매인 우리는 어릴 적부터 친구처럼 재미있게 놀고 싸우고 화해하고 경쟁하고 챙겨주며 자랐다. 고등학교 졸업 이후로는 오빠가 그림을 그린다거나 조형을 한다거나 했던 경우가 거의 없었다. 그런 오빠에게 굳이 미술 작업을 권해야겠다고 생각한 것은, 내가 유화에 깊이 매료되었기 때문이었다. 유화 작업은 재미있다. 시간 가는 줄 모르고 그림 작업에 몰입할 수 있다. 먼 곳에서 와서 하나하나 설명해주는 내 정성이 고마웠던지, 오빠는 점점 관심을 보이기 시작했다. 나는 재료를 다루는 방법까지만 소개해주고 그다음에는 자주 찾아가지 못했다. 이후 오빠는 SNS에 종종 자신의 작업을 올렸고 덕분에 나는 오빠의 그림을 구경할 수 있었다.

H. Jue, 「제주 갈치」, 한지에 혼합재료

유화 작업은 재료를 갖추고 다룰 줄 알기까지가 첫번째 관문이다. 그 관문을 넘어서면 그 다음부터는 정말 순탄하다. 그 자체로 재미있기 때문이다. 시작하고 난 다음에도 한두 가지 넘어야 할 산이 있다. 이를테면, 유화는 완전히 마르고 난 후에 덧칠을 해야 한다. 말끔하게 건조하기 위해서는 시간이 꽤 걸린다. 최소 2~3일, 기름이 많이 섞였으면 마르기까지 일주일은 잡아야 한다. 그 시간을 못 기다리고 덧칠하게 되면 색깔이 뭉개진다. 그리고 그림을 그려보지 않았던 사람들은 구체적인 형태를 잡는 것이 어렵다. 오빠도 그만하면 잘 그리는 편이었지만, 아마도 본인이 원하는 기준에서는 더 잘 그리고 싶었을 것이다.

오빠는 와인 병이나 잔 같은 몇몇 사물을 그려보다가 사실적인 묘사는 어렵다고 느꼈다. 이후 추상적인 표현으로 즐거움을 찾기 시작했다. 완성작에 대해 그리 걱정하는 편은 아니었던 오빠는 대체로 과감하게 그림을 그렸다. 처음 그렸던 몇몇 추상화는 붓질의 즐거움과 과감함이 캔버스를 뚫고 나올 것 같았다. 그림만 보더라도 오빠가 색깔을 즐기고 있음을 느낄 수 있었다.

어느 날은 제주도에서 갈치를 먹고 왔다며 갈치를 그렸다. 오빠의 갈치 그림은 너무나도 창의적이고 사랑스러웠다. 흔한 은색 갈치는 오빠의 상상력으로 춤추는 녹색 갈치가 되었다. 은색 물감이 없었던 것도 아닌데, 과감하게 녹색을 택하다니 유쾌했다.

밤바다를 보고 오면 그 감흥을 그림으로 펼쳤다(29쪽). 여러 개의 달이 뜬 밤바다. 아, 어쩜 저런 표현을 할 수 있을까. 새언니는 오빠의 '와인 사랑'이 줄어든 게 아니라고 말했지만, 그래도 내 생각에는 술이 주던 위로와 위안의 몫이 상당 부분 그림으로 옮겨간 것으로 보였다. 적어도, 나이 들면서 누릴 수 있는 즐거운 취미 하나가 추가된 셈이다.

그림 작업이나 조형 작업은 모두에게 열려 있는 멋진 표현 방법이다. 직장생활하면서 받는 스트레스나 삶의 자질구레한 어려움을 소화하는 과정에서 그림만큼 좋은 친구도 드물다. 그런 의미에서 '그림 그리기'가 등산이나 골프 같은 성인의 취미로 자리잡았으면 한다. 새로운 방식의 의사소통 통로처럼 느껴질 수 있지만, 사실은 오래전 어린아이였을 때 손으로 무언가를 표현한다는 것은 우리 모두에게 물과 공기처럼 친숙한 방식이었다.

오빠의 사례처럼 혼자서 미술 작업을 하면서 누구나 충분히 회복과 치유, 즐거움과 새로운 의미를 발견할 수 있다. 삶의 어려운 순간에 미술치료를 통해 마음의 상처를 치료하고 극복할 수 있다. 다음에 소개하는 이야기는 가정 폭력을 딛고 일어선 젊은 여성과 미술치료를 했던 사례다.

내게 복주머니를 주었던 사람

희연(가명)씨는 20대 초반의 대학생이었을 때 미술치료사인 나를 처음 만났다. 그때 그녀는 아버지의 폭력을 피해 집을 나온 상태였다. 종교기관에서 운영하는 쉼터에서 생활하던 희연씨는 초반에는 심하게 불안해하고 겁에 질려 있었지만, 상황이 안정되면서 차츰 불안한 모습이 줄어들었다. 하지만 이내 우울해졌고 그 우울감은 쉽사리 가시질 않았다. 다행히도 종교기관의 후원으로 병원 치료를 시작하게 되었고, 여러 가지 상황이 잘 맞아서 미술치료도 받게 되었다.

미술치료 첫날, 희연씨는 혼자 조용히 미술치료센터 대기실에서 기다리고 있었다. 그리고 그 이후로 한 번도 시간을 어기지 않고 미술치료 시간마다 그 장소에서 기다렸다. 딱 한 번 그녀가 이어폰으로 음악을 들으며 우느라, 치료실에 들어오지 못한 적이 있었다. 그때 나는 그 음악을 같이 들어볼 수 있겠느냐고 물었다. 그리고 치료 회기에서 함께 그 음악을 들었다. 지금도 그 음악을 들으면 삶의 무게 때문에 휘청이던 희연씨의 눈물이 떠오른다. 그 곡은 재즈피아니스트 브래드 멜다우의 「Exit Music(for a film)」(1998년 앨범 버전)이다. 우리는 그날, 음악을 듣고 별말 없이 그림을 그렸다. 큰 도화지에 희연씨가 먼저 그림을 그리고 나를 바라보면 내가 그림을 이어가고 희연씨를 바라보았다. 그렇게 서로 번갈아가며 그림을 그렸다. 특정한 주제도 없었고, 무엇을 표현해보자고 얘기한 것도 아니었다. 그저 그 순간을 버티는 희연씨에게 공감하고 머물러 있어주는 것. 그것이 전부였다.

인생의 길은 어떤 이에게는 좀더 수월하게 펼쳐지고, 누군가에게는 약간 더 어렵게 진행되는 것 같다. 초반에 쉬웠던 길이 후반에 어려워지기도 하고 그 반대의 경우도 많다. 그러니 어느 한 시점에서 전체 삶을 정의하기는 어렵다. 희연씨의 이십몇 년은 어느 한구석 쉬운 데가 없었다. 그럼에도 끈기 있게 버텨낸 그녀가 안쓰럽고 대견하게 느껴질 정도였다. 희연씨의 어린 시절에는 어머니가 주로 가정폭력의 희생자였고, 사춘기 이후부터는 희연씨도 종종 심하게 맞곤 했다.

자신을 지킨다는 것, 힘을 가진다는 것은 중요한 숙제였다. 희연씨는 우울해하며 멍하게 있을 때도 있었지만, 자신의 상황을 냉정하게 바라보며 현실적인 해결책을 찾아나가려고 애쓰는 현명함도 가지고 있었다. 나 역시도 이상적인 해결책을 제시하거나 막연하게 위로하고 지지하기보다 현재 상황에서 무엇을 할 수 있는지 최선의 선택이 안 된다면 차선책으로 무엇을 할 수 있을지 함께 찾고자 애썼다. 미술치료 초반 서너 달을 혼란스러워하며 불안해하거나 무기력하게 울며 시간을 보내던 희연씨였으나 차츰 그녀는 어떻게 해서든 자기 앞길을 찾겠다는 긍정적인 방향으로 가닥을 잡아가기 시작했다. 한두 개 하던 아르바이트를 더 늘렸고 돈을 모으는 데 집중하면서 학교는 그만두었다. 아버지와의 관계는 거의 만나지 않는 쪽으로 정리되었다. (어머니는 희연씨가 집을 나오기 2년 전에 지병으로 세상을 떠났다.)

상황이 정리되고 난 후부터 미술치료 회기에서는 주로 희연씨가 그리고 싶은 무엇이든 그리도록 했다. 나는 옆에서 그것을 공감하는 그림을 더하거나 그 그림을 품어낼 배경을 만들어주곤 했다. 그러한 작업은 자신의 주변에 도움의 손길이 없지 않음을 상징적으로 전달하는 일이기도 했다. 미술 작업에서 무엇인가를 더하기 어려울 때는, 적극적인 감상자로 희연씨 그림을 느끼고 감정을 나누곤 했다. 가끔 느낌을 전달하기 위해 과장된 리액션을 하기도 했는데, 희연씨는 어설픈 내 반응에 소리 내어 웃곤 했다.

일주일에 한 번 하는 미술치료가 주로 손이 가는 대로 표현하는 시간이었다면, 일상생활에서는 '빛, 힘, 생명'이라는 세 가지 주제를 번갈아가며 이미지로 떠올리도록 했다. 마음이 가라앉을 때나 손가락 하나 까닥할 수 없다고 느껴질 때는 빛을 떠올리라고 했다. 상상 속에서 빛이 자신을 감싸고 그 빛 가운데 머무르라고 했다. 그리고 힘이 필요할 때에는 마음으로 자신의 크기를 키우라고 했다. 상대가 두렵다고 느껴지거나 어떤 상황에서 위축된다고 느껴질 때, 자신의 크기가 커지는 상상을 하는 것이다.

마지막 주제인 '생명'은 희연씨와의 대화에서 나온 이미지였다. 빛이 느껴지지 않는 날에 대해 이야기를 하다가, 빗방울을 기다리는 목마른 나무 이미지에 대한 이야기가 나왔다. 그것을 그림으로 그린 뒤, 나무의 생명력에 대해 한참을 이야기했다. 그다음부터, 빛과 힘에 이어 생명이라는 주제도 중요한 이미지 테마로 사용했다.

희연씨와의 미술치료는 1년 반 정도 지속되었다. 마지막 날에 희연씨는 나에게 작은 복주머니를 선물해줬다. 자신이 만든 것이라고 했다. 복주머니를 주었던 사람. 스스로 복을 채워갈 사람. 내가 기억하는 희연씨의 모습이다.

빛과 색으로
마음 광합성

식물처럼 사람도 광합성이 필요하다고들 말한다. 실제로 빛은 정신적·육체적으로 큰 영향을 준다. 색 또한 심리적인 영향을 끼친다. 그러니 빛과 색을 이용해 우울을 털어내자. 몸을 움직일 에너지가 없다면 에너지 회복을 위해 색깔에 집중하는 시간을 갖자. 친구나 가족이 곁에서 함께해주는 것도 좋겠다.

우선 시간을 가장 많이 보내는 공간의 색을 바꾸어보자. 공간의 변화는 사람의 마음에도 영향을 준다. 특히 넓은 면적의 색이 바뀌면 새로운 감흥이 인다. 손길이 자주 닿는 물건의 색을 바꿔보는 것도 좋다. 색을 입히거나 변화를 줄 수 있는 일상생활 속 공간과 사물의 예는 다음과 같다.

- 벽면의 색
- 작은 공간의 색
- 항상 사용하는 물건의 색

이 세 가지 중 하나만 색을 바꾸어도 효과는 있다. 색깔은 감정을 담고 있고, 색을 바라보고 느끼는 것은 감정 경험을 확장시킨다. 무기력한 상태라 하더라도, 생동감 있는 색을 바라보는 것만으로 마음에 파동이 일 수 있다. 그렇게 마음이 움직여야 무엇이든 해볼 수 있다.

먼저 벽면의 색에 변화를 주는 방법을 살펴보자. 벽면의 색이 효과를 보려면 주변 정리가 우선이다. 주변이 어지러우면 색의 영향력은 급격하게 줄어든다. 정리의 기본 원칙은 사용하지 않는 물건을 정리하고 버리는 것이다(안 쓰는 물건을 다른 사람에게 주거나 재활용하자). 방을 정리하고 나서 벽을 살펴보자. 무슨 색인가? 흰색이나 아이보리색, 혹은 무늬가 들어간 벽지가 대부분일 것이다. 벽지의 색을 과감하게 바꿔보자.

색깔 있는 벽지! 나는 우리 집 벽지를 무늬 없는 무광의 밝은 오렌지색으로 바꾸고 싶어 업체에 문의해봤다. 하지만 그런 색은 찾는 사람이 없어서 아예 안 나온다는 답변을 들었다. 그래서 꿩 대신 닭으로 진한 황토색 벽지를 선택했다.

벽지 색으로 자신이 원하는 색을 찾지 못한다면, 페인트를 칠하는 것도 방법이다. 색상 선택이 훨씬 수월하다. 원하는 색을 요청하면 페인트 판매처에서 조색을 해준다. 요즘은 무독성 수성페인트, 친환경 페인트 등 다양한 제품이 있으니 자신이 원하는 색상을 골라보자. 무늬 없이 색이 두드러지는 것이면 충분하다.

벽면에 색을 쓰지 않으려는 사람들이 가장 많이 하는 질문은 "혹시

녹색과 연두색 천을 늘어뜨린 사무실 　　　　　　살구색 페인트를 칠한 사무실

그 색이 질리면 어떡하나요?"이다. 자신이 고른 색이 질렸다는 것은 그 색을 충분히 누렸다는 뜻이다. 다 먹은 음식을 계속 붙들고 있지 않듯 효과를 충분히 누렸다면 바꾸면 된다. 가볍게 마음먹자. 우울한 마음에 힘을 줄 수 있다면, 질리는 게 문제겠는가.

질릴까봐 미리 걱정하면 강렬한 색을 사용하지 못한다. 그러니 조금 다르게 생각해보자. 기껏해야 벽지 값이나 페인트 값 정도를 지불하고, 마음에 좋은 영향을 줄 수 있다면 왜 이 방법을 쓰지 않겠는가. 원하는 색이 있다면 자신의 벽면에 마음껏 쓰기를 바란다.

벽지 교체는 번거로워서 도저히 못하겠다 싶으면, 긴 천을 활용해 천장에서부터 바닥까지 늘어뜨리는 방법도 있다. 원단시장, 인터넷 쇼핑몰에서 마 단위로 천을 판매한다. 천의 폭은 90, 110, 150센티미터로 다양하고, 한 마는 길이가 90센티미터다. 세 마를 사면 길이가 270센티미터 정도이므로, 두세 마 정도를 구입하면 벽면의 한 부분을 덮어 충분히 색상을 느낄 수 있다.

내 경우에 연구실 벽면을 가로 150센티미터, 세로 270센티미터의 오렌지색 천으로 늘어뜨린 적이 있다. 볼 때마다 기분이 좋았던 그 색깔은 몇 년 뒤 녹색 천으로 바뀠다. 지금은 그 벽면을 살구색 페인트로 칠했다. 물론 직접 페인트칠을 했다. 무독성이라고는 하지만 냄새가 나 창문을 열어두고 며칠 환기했다. 이후 연구실에 있을 때마다 색을 칠하길 잘했다는 뿌듯함과 살구색이 주는 기분 좋은 설렘을 느낀다.

무슨 색을 쓰고 싶은지 떠오르지 않는다면 다음 내용을 참고해보자. 먼저, 우울하고 사는 게 재미없다고 느껴진다면 오렌지색을 추천한다. 색깔 중에서 가장 즐겁고 맛있는 색이다. 밝은 노란빛이 감도는 오렌지색은 가볍고 통통 튄다. 붉은빛이 더 진하게 보이는 주황은 '뭔데, 힘내!' 라고 묵직하게 어깨를 두드려주는 느낌이다. 만약 우울하지만 종종 분노로 울컥한다면, 울트라마린 블루를 쓰면서 소량의 흰색과 회색 물건을 매치하자. '파랑 + 흰색 + 회색'의 조합은 이성적인 판단을 북돋워주는 색이다. 아침에 일어나기 힘들고 항상 피곤하며 무얼 해도 힘이 나지 않는다면, 초록과 연두를 조합해 벽면을 밀림으로 꾸며보자. 녹색은 간에 영향을 주는 색으로 알려져 있다. 피곤함을 해소하려면 간이 허약하지 않아야 한다.

혹시 벽면에 흰색만 사용하고 싶다면 우울함이 어느 정도 가시고 난 다음에 사용하는 것이 좋다. 흰색은 완벽함의 색이기 때문에 현실과의 거리감을 만들 수 있다. 지금 우울한 감정을 느낀다면 무채색 말고 유채색을 사용하길 추천한다.

둘째 방법인 작은 공간의 색 변화는 벽면 전체를 바꾸기 어려울 때 일부분만 변화를 주는 것이다. 하루의 대부분을 보내는 책상 위의 색을 바꾼다든가, 자신이 휴식할 때 가장 좋아하는 공간(소파라든가 침대, 혹은 방 한쪽 귀퉁이 등)의 색을 바꾸는 것이다.

셋째 방법은 항상 사용하는 물건의 색을 바꾸는 것이다. 자신이 아끼거나 자주 사용하는 물건의 색은 마음에도 영향을 주기 마련이다. 물건의 색을 바꿔보자. 의도적으로, 의식적으로 바꿔보자. 자신이 사용하지 않던 색을 써보자. 약이라고 생각하고 써보면 좋겠다.

사람은 누구나 선호하는 색이 있다. 그러한 색채 선호는 연령대에 따라서 자연스럽게 변화하며, 사회문화적 영향을 받거나 유행에 따라서 바뀌기도 한다. 자신의 색채 선호를 확인하는 손쉬운 방법은 옷장 문을 열어보는 것이다. 옷장을 차지하는 색은 무엇인가? 색이 다양하다면, 가장 편하게 손이 많이 가는 옷의 색은 무엇인가?

직장생활을 하면서 적당히 사회적인 복장 규정을 지키느라 옷 색깔이 그렇게 되었다고 말할 수도 있다. (이 경우에도 조금 더 자세히 살펴보면 분명 개인의 선택이 반영되었을 것이다.) 그러면 출근용 복장을 제외하고 평상복의 색을 한번 보자. 주로 어떤 색인가?

그렇게 유심히 살펴보면 발견하게 되는 대표 색상이 자신의 현재 상태에서의 색채 선호다. 그리고 그 색은 마음의 상태와 진폭이 비슷할 것이다. 예를 들면 우울한 사람들이 강렬한 색의 옷을 선택하는 경우는 거의 없다. 검은색, 짙은 회색, 어두운 파란색이나 흰색 등 무채색 계열과 명도가 낮은 색을 편하게 느낀다. 간혹 화려한 색을 선택하는 경우도 있는데 이는 자신의 우울에 가면을 씌우려는 경향에서 비롯한다. 단, 청소년은 예외다. 그 나이 때는 검은색을 가장 선호하기 때문에 여기 적힌

내용을 그대로 적용하기 어렵다.

집단 미술치료 시간에 색깔에 대해서 이야기를 나눌 기회가 있었다. 그때 한 여성 참가자가 갑자기 무언가 깨달았다는 듯이 이야기를 시작했다. 색깔과 마음이 연결된 것에 정말 공감한다면서, 자신이 지금 밝은 회색 옷을 입고 있지만 사실 더 어두운 검은색이 마음 편하다고 했다. 그러면서 속옷은 모두 검정이라고 했다. 우리는 함께 이야기를 나누면서 색의 영향을 믿어보기로 했고 핑크색 속옷을 사 입기로 결론을 내렸다. 핑크색을 선택한 이유는 검은색의 심리적 반대색이기 때문이다. 다음번 만남에서 그 여성은 속옷 색깔을 바꾼 것만으로도 심리 상태가 다르더라며 재미있는 발견이었다고 소감을 전했다.

색을 바꾸는 물건의 종류와 범위는 스스로 정하면 된다. 항상 지니고 다니는 열쇠고리처럼 작은 것부터 바꾸거나 집에서 편하게 입는 평상복의 색을 바꾸어도 좋다. 나는 사이버대학에서 학생들을 가르치는데, 색채심리 수업에서 '자신의 옷장을 열어보고 옷 중에서 하나도 없는 색상의 옷을 사서 일주일간 입은 뒤 (세탁 기간 제외) 그 느낌을 정리해서 리포트를 써보라'는 과제를 내주기도 했다. 그 과제에 대한 반응은 매우 뜨거웠다. 40대 중반의 한 학생은, 자신의 옷장에 빨간 옷이 없음을 발견하고 일주일을 망설이다가 빨간 티셔츠를 샀다고 한다. 처음에는 차마 입지 못하고 그 옷을 바라보기만 하다가, '이건 과제니까 어쩔 수 없다'고 스스로를 설득한 뒤 빨간 티셔츠를 입고 다녔다. 그렇게 일주일을 보내면서 그동안 자신을 제약하고 억누르던 것들이 새삼스럽게 다가왔고, 사실 알고 보니 별것 아니었음을 깨달았다고 한다. 오히려 빨간색을 보면서 괜스레 기분이 좋고 의욕도 생기는 경험을 했다고 한다.

아이였을 때는 노란색, 연두색, 빨간색, 연보라색 등 다채로운 색깔의 옷을 입었는데, 어른이 되고 나서 어느 순간부터 어두운 계열의 옷과 침착한 분위기를 주는 옷만 남았다. 마치 어린 시절에는 누구나 두려움 없이 편히 그림을 그리다가 어느 순간부터 미술은 내 것이 아니라고 생각하는 것과 비슷하다. 언제부터 이렇게 달라진 것일까. 혹시 무언가를 놓치고 사는 것은 아닐까. 완전히 옛날로 돌아가지 못하더라도 일부분은 과거의 상태를 회복할 수 있다. 적어도 색깔을 조금 더 사용한다거나 두려워하지 않는다면 말이다. 미술을 즐기는 일은 멀리 있지 않다.

감정의
선을 긋다

　우울한 마음에 빛과 색을 충분히 더했다면, 이제 형태로 관심을 옮겨 보자. 모든 형태는 점과 선에서 출발한다. 점은 방향이나 면적을 갖지 않고 위치를 나타내며, 찍힌 위치나 밝기, 개수, 크기, 재료, 다른 점들과의 관계 등에 따라서 형태와 움직임을 보여준다. 선은 2개 이상의 점이 모여 만들어지며, 위치와 방향을 갖고 면적이나 부피는 갖지 않는다. 사물의 형태, 명암, 질감 등을 표현할 수 있으며, 길이, 굵기, 방향, 재료 등에 따라 생각과 감정을 전달할 수 있다. 특히 점을 어떻게 연결하느냐에 따라서 직선과 곡선을 만들 수 있다. 만약 당신이 선을 그릴 수 있다면, 그림을 그리는 기술은 이미 터득한 셈이다.

　무언가를 그려보고 싶다는 마음은 창작에 대한 욕구다. 하지만 의욕이 앞선다고 하더라도 첫 물꼬는 쉽게 터지지 않는다. 병아리가 알에서

목탄으로 선 긋기
목탄은 참 부드럽다. 나무가 불에 타고 나면 이렇게 부드
러워질 수도 있구나 싶다.

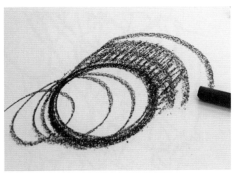

콩테로 선 긋기
목탄에 비하면 콩테는 딱딱하다.

깨어나기 위해서는 어미 닭이 밖에서 쪼고 병아리가 안에서 쪼아야 하
듯이 안과 밖에서 의미 있는 싱크로나이즈가 이루어져야 한다. 즉, 줄탁
동시啐啄同時의 자세가 필요하다.

　그림을 그리고 싶은 마음이 들었다면, 먼저 선을 그어보자. 비스듬하
거나 둥글게, 여러 방향으로 자유롭게 그리자. 이때 4B연필, 목탄, 콩테,
크레파스, 파스텔, 물감 등 회화도구를 사용할 것을 권한다. 글씨를 쓰는
필기도구는 가늘고 날카로운 느낌을 주며, 빠르게 선을 긋는 용도로는
부적합하기 때문이다. 직선과 곡선 작업을 할 때는 재료를 다양하게 이
용하면 좋겠다. 굵은 펜을 쓰거나 붓펜, 먹물 등 재료를 바꿔가면서 선
을 긋는 재미를 온전히 느껴보자. 앞서 언급한 빛과 색 활용법을 통해
다양한 색에 눈뜨기 시작했다면, 선을 그을 때도 원하는 색상으로 마음

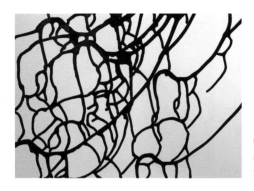

먹물로 선 긋기
캔버스에 먹물을 떨어뜨린 뒤 캔버스를 이리저리
기울여서 먹물이 자연스럽게 흐르도록 작업했다.

의 리듬을 표현해보자. 감각과 감정의 파동이 서로 비슷하게 공명하며
울릴 것이다.

　선을 긋는 작업이 피곤하거나 힘들게 느껴진다면 즉각 작업을 멈추길
바란다. 선을 긋는 작업은 생각을 자극하는 일이다. 그래서 생각이 많은
사람들은 나무를 그릴 때 나뭇가지를 많이 그리고 복잡한 선을 쓰게 된
다. 우리의 목표는 우울한 마음을 달래면서 밑으로 가라앉는 기분을 회
복하는 것임을 기억하자. 손이 가는 대로 움직이자.

배치하는 것으로
형태 만들기

　형태를 만든다고 하면 손으로 그리는 것이 가장 먼저 떠오를 수도 있겠다. 하지만 사물을 움직여서 배치를 다르게 하는 것만으로도 충분히 형태를 만들 수 있다. 이것은 어렸을 때 누구나 했던 놀이다. (혹시 안 해보셨다면 지금 한번 새롭게 시작해보시기를!) 작은 돌멩이로 인물의 머리를 표시하고 나뭇가지로는 몸통을 만든다. 더 작은 돌들은 팔이 되기도 하고, 음…… 다리는 무엇으로 만들지? 떨어진 꽃잎이 머리카락이 될 수도 있고 장식품이 될 수도 있다. 덧붙일 만한 것이 없다면 그냥 땅바닥에 선을 그어두어도 좋다.

　완전히 똑같아야 한다는 강박에서 벗어나면, 어떤 재료로든 얼마든지 형태를 창작할 수 있다. 길을 걸으며 사물을 보다가 문득 '어, 저것은 뭔가 닮았는데' 하고 떠오른 경험이 있지 않은가? 그러한 발견에서부터 형

제가 무엇으로 보이시나요?

태 찾기가 시작된다. 위의 사진은 떨어진 밤톨에 얇은 나뭇가지를 붙여 달팽이 모습을 만든 것이다. '도대체 어디가 달팽이야!'라고 비판하지 마시길. 창의성과 상상력을 발휘해서 실제로 보이는 것과 마음으로 느끼는 것 사이의 간극을 메꾸자. 그리고 이것은 여러분에게만 알려주는 비밀인데, 창의성과 상상력이야말로 마음이 늙지 않는 명약이다.

그다음 작품은 얇은 나뭇가지를 무더기로 모아서 만든 메뚜기다. 사진을 찍어둔 뒤 편집 프로그램을 이용해 더듬이와 뒷다리 일부분, 그리고 눈알을 그려넣어 완성했다.

이러한 놀이를 하다보면, 우리가 그림 그리는 것과 만드는 것이 실제 형태랑 똑같아야 한다는 선입견에서 자유로워지게 된다. 완전히 똑같은 묘사는 이미 카메라가 대신하고 있다. 우리가 하고자 하는 바는 각자의 마음에 와닿은 특징 하나하나를 표현하는 것이다. 앞서 예시에서 메뚜기는 긴 다리와 더듬이, 달팽이는 둥근 집을 특징으로 삼았다. 똑같지 않아도 충분히 좋다. 더 정확히 말하면, 똑같지 않아서 재미있다.

비슷한데 똑같지 않고, 서로 많이 다르지만 어떤 특징 때문에 닮은 점을 보이는 것. 그러한 형태 찾기를 수긍한다면, 마음의 모습을 그림과 조형물로 표현하는 게 훨씬 편안하게 다가올 것이다. 그렇다면 점점 더 과감한 표현을 할 수 있을 것이다.

색을
즐기자

이번에는 다시 색에 집중해보자. 도화지 전체를 하나의 색으로만 채워보자. 물감을 써도 좋고, 크레파스나 파스텔도 좋다. 한 가지 색만 칠하는게 심심하거나 부담스럽게 느껴진다면, 그 위에 다른 색을 살짝 더해도 된다. 최소 4절 정도가 되는 큰 종이에 작업해보면 좋겠다. 면적이 넓은 종이에 한 가지 색만 칠하는 것은, 확실히 그 색의 에너지를 충분히 느끼고 흡수하게 도와준다.

먼저 빨강이다. 빨강은 유난히 개인의 호불호가 분명한 색이다. 빨강을 싫어하더라도, 그냥 숙제라고 여기고 도화지 전체를 빨강으로 칠해보자. 빨강부터 시작하는 이유는 빨강이 생명의 근원이자 에너지를 상징하는 색이기 때문이다. 처음 한 장은 꼭 빨강으로 칠해보자.

빨간색으로 도화지를 가득 채웠다면 그다음에는 주황이다. 붉은 주황

H. Jue, 「추락하는 생각의 편린」, 캔버스에 유채

H. Jue, 「Purple」, 캔버스에 유채

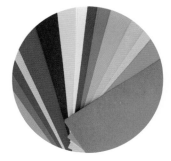

도 좋고, 노란빛이 더 강하게 느껴지는 오렌지색도 좋다. 전체를 칠해보자. 하루에 다하지 않아도 괜찮다. 순서대로 빨강과 주황, 노랑, 연두, 초록, 밝은 파랑과 어두운 파랑, 보라까지 각각의 색을 중점적으로 칠해보자.

혹시 언급한 색깔 순서가 무지개색이라는 사실을 눈치챘을지도 모르겠다. 무지개색은 차크라chakra의 색과 동일하다. 차크라는 우리 몸에 있는 에너지 센터다. 일곱 개의 에너지 센터가 회음부에서부터 머리끝 정수리까지 신체의 일부분과 각기 상징하는 색이 배치되어 있다. 맨 아래쪽 회음부는 빨강, 단전은 주황, 배꼽은 노랑, 가슴은 초록, 목 부분은 파랑, 이마는 짙은 파랑, 그리고 정수리는 보라색이다. 일곱 개의 차크라 빛 에너지는 신체와 정신의 에너지 순환과 깊은 관계를 맺는다. 이를테면 회음부의 제1차크라가 활성화되는 데는 붉은빛이 도움이 되고, 정수리의 제7차크라가 균형 잡힌 상태를 유지하려면 보랏빛이 효과가 있다. 차크라 이론에 따르면 색(빛)은 우리의 움직임을 이끄는 에너지와 다름없다.

자극과 생기, 휴식과 진정 등 필요와 목적에 따라 신체의 일부를 상징하는 색을 통해 컬러 테라피를 해보자. 도화지에 한가득 색을 칠해보는 것만으로도 바닥에 들러붙어 있는 마음의 에너지가 천천히 일어나는 기분이 들 것이다. 나를 지배하는 에너지가 무엇인지, 또 내가 필요로 하는 에너지는 무엇인지 찾아보자. 머릿속이 복잡할수록 단순한 방식의 미술 작업을 할 필요가 있다. 색의 힘을 믿고 기왕이면 재밌게 작업해보길 바란다.

색깔만
떠올리기

우울해서 움직이는 일이 버겁게 느껴진다면, 그림을 그린다거나 미술 작업 자체가 어려울 수 있다. 시작만 할 수 있다면 그다음부터는 미술의 매력이 당신을 이끌고 나갈 테니 무엇이라도 붙잡고 그려보거나 만들어 보자. 그리거나 만드는 작업은 새로운 세계를 창조하는 행위다. 그 세계는 어쩌면 세상의 축소판일지도 모른다. 그렇다고 부담을 가질 필요도, 특정한 의미를 찾으려고 노력할 필요도 없다.

혹시 지금 무엇인가를 해보고 싶지만 손가락 하나 까딱할 수 없다고 느껴지는가? 그렇다면 이미지를 상상하는 방법도 있다. 되도록 가장 편안한 자세로 눈을 감고 이미지를 떠올리자.

H. Jue, 「마음을 식혀주는 깊고 푸른 블루」, 한지에 혼합재료

 무지개색 중에서 가장 좋아하는 색깔은 무엇인가요?

선택한 색깔이 나를 둘러싸고 내 마음에 에너지를 불어넣어준다고 상상해주세요. 혹시 무지개색 중에서 좋아하는 색이 없다면, 무지개색 각각에 흰색을 섞어서 파스텔톤으로 만들었다고 상상해봅시다. 빨강은 핑크, 주황은 연한 주황, 노랑은 연노랑, 연두와 초록, 파랑도 모두 흰색이 섞였다고 생각해보아요. 이 색들 가운데 좋아하는 색을 하나 골라주세요.

선택한 색이 자신을 공기처럼 둘러싸고 있다고 상상합시다. 그 안에서 편안하게 숨 쉬면서 색이 주는 에너지를 얻어보세요.

이미지의
힘

이미지는 매우 강렬한 힘을 가진다. 변화와 성숙의 과정에서 이미지의 역할은 실로 어마어마하다. 최근의 뇌 연구에 따르면, 이미지로 무언가를 떠올리든 실제 그것을 경험하든 뇌 활동에서는 차이가 거의 없다고 밝혀졌다.[*] 그래서 상상을 통해 뇌와 신체를 변화시킬 수 있다. '이것은 실제가 아니라 상상'이라고 스스로 규정하더라도, 자극을 처리하고 그 영향을 흡수하는 뇌의 어느 차원에서는 실제와 상상을 받아들이는 데 차이가 거의 없다. 그러므로 이미지는 가급적 건강하고 밝은 내용을 떠올리는 것이 좋다. 또한 좋은 이미지가 자신에게 영향을 주는 것처럼 부정적인 이미지도 영향력이 있음을 기억해두자.

[*] University of Colorado at Boulder. (2018, December 10).
Your brain on imagination: It's a lot like reality, study shows. ScienceDaily.
Retrieved from www.sciencedaily.com/releases/2018/12/181210144943.htm

걷다보면
알게 되는 것

누구에게나 마음이 바닥에 붙어서 떨어지지 않는 순간이 있다. 그럴 때일수록 몸을 움직이기를 권한다. 하루에 5000~7000보 정도 걸어보자. 휴대폰 만보기 애플리케이션을 이용해 하루 평균 걸음 수를 기록해보자. 보통 걸음으로 한 시간 정도 걸으면 6000보 전후가 된다. 느리게 걷더라도 한 시간에 4000~5000보를 걸을 수 있다. 걸으면서 그날에 남기고 싶은 풍경 사진을 한 장 찍어오자. 하늘을 찍어도 좋고, 거리 풍경을 찍어도 좋다. 집 근처 산책길이나 처음 가보는 골목길을 걷다 마음에 드는 풍광을 발견하면 휴대폰 카메라에 담아오자. 그렇게 하루에 한 장씩 찍은 사진에 가볍게 그림을 더하거나 이모티콘을 첨부해서 저장해둔다. 개인 SNS에 기록해도 좋겠다.

이 연습의 핵심은 몸을 움직인다는 것이고 구체적으로는 걷기를 지속

J. Jue, 「혼자서도 씩씩하게 걷는 사람」, 캔버스에 혼합재료
유화로 그린 풍경화 위에 색모루와 색실을 감아서 만든 사람을 올려두었다. 마치 그 풍경을 걷는 것처럼.

색모루는 짧은 털실이 감긴 철사라고 생각하면 된다.
심지에 철사가 있어서 원하는 대로 구부리거나
모양을 잡을 수 있으며 다양한 색깔이 있다.

하는 행위다. 그 걷기가 보다 즐거울 수 있도록 산책길에 자신의 발자취를 기록하는 풍경 사진을 한 장씩 남겨보자. 걷기는 바닥에 붙어서 떨어지지 않는 우울한 마음을 일으키는 신비의 운동이다. 걷기를 통해 마음에 에너지를 북돋아보자.

미술 작업은
감정과 생각의 순환

　미술 작업을 통해 우울한 마음이 바뀐다는 것은 무엇일까. 어느 정도의 변화를 기대할 수 있을까. 감정은 메시지를 담고 있는 에너지 덩어리다. 메시지는 전달되어야만 그 목적을 달성하게 된다. 그런 감정 메시지를 계속 무시하거나 억누르면 어느 순간 폭발할 수 있다. 언제까지나 에너지를 담아두고 통제하기는 어려운 법이니 말이다. 메시지가 어떤 식으로든 표출되면 폭발의 위험은 상당 부분 감소한다.

　미술 작업은 감각 경험을 활성화하고 감정에 파동을 일으킨다. 그 때문에 참여자는 자신의 감정을 표현하면서 눈물을 흘리거나 카타르시스를 느낀다. 자신에 대해 새롭게 알게 되는 사실도 생기고 이전과 다른 시각을 얻기도 한다. 우울한 사람이 꾸준히 미술 작업을 한다고 해서 그의 우울감이 완전히 사라지는 것은 아니지만 우울 외에 다른 감정을

미술 작업은 마음으로 즐기는 선물이다.

경험하는 시간이 상대적으로 늘어난다. 고요함, 잔잔함, 시원함과 홀가분함 같은 감정은 우울에 갇혀 있을 때는 잘 느끼지 못한다. 다른 부분이 살아나고 조금씩 커지면서 우울의 비중이 상대적으로 작아진다. 다양한 감정과 생각이 순환하면서, 우울도 견딜 만한 것이 되고, 설사 우울을 동반하더라도 담담하게 받아들이게 된다. 감정의 변화와 순환이 이루어지면, 하나의 특정한 감정에 휘둘리지 않는 여유가 생긴다.

거울을
들여다보듯이

이제 조금 힘이 생겼다면 내가 느끼는 우울을 찬찬히 들여다보자. 이번에 할 작업은 감정의 잔가지를 정리하는 가지치기다. 끊고 잘라내는 것은 삶의 에너지가 낭비되는 일을 차단해준다. 정리하겠다고 마음을 먹었다면 문제 해결의 방향을 잡았다고 볼 수 있다. 끊어낼 때는 별다른 묘수가 없다. 그저 잘라내는 것이다.

30대 초반의 남성 N씨는 직장생활을 하면서 그런대로 일상을 보내며 살고 있지만, 마음 한편에 자리한 우울감이 가시질 않아 치료를 받을 결심을 하고 정신건강의학과를 찾았다. 심리 검사 결과, 만성적인 자극 과부하 상태를 겪고 있다는 점이 드러났다. 요즘 들어서 허무하다는 생각도 자주 들고, 매사가 힘들게 느껴지며 쉽게 긴장을 하고 사소한 일에도 짜증이 난다고 했다. 때로 자신이 전혀 쓸모없는 인간이 아닌가 하는 자

N씨, 「엄청난 화산 폭발 때문에 용암이 흘러내려요」

괴감도 느낀다며 모든 것을 잊고 떠나고 싶다고 했다.

자신의 마음을 상징적으로 표현하는 '이야기 그림 검사'를 진행하면서 N씨의 마음을 들여다보기로 했다. '이야기 그림 검사'는 공룡과 화산, 고양이, 칼 등 14개 그림 자극 가운데 두 개의 키워드를 선택해서 이야기를 만든 뒤 그 장면을 그리는 검사 방법이다. 이야기를 만들어가는 과정에서 그림 그리는 사람의 마음 상태가 투영된다.

검사를 통해 N씨의 상상력을 북돋워주자, 그는 화산이 폭발해 성쪽으로 용암이 흐르는 광경을 그렸다. 인간관계에 대한 소망이나 애정 욕구가 있지만, 이를 구체화하거나 행동으로 옮기는 면이 부족해 보였다. 좋은 부분과 나쁜 부분이 통합되어 있기보다는 한쪽으로 치우쳐 생각하고 머무르는 경향이 두드러졌으며, 좌절과 실망에 대한 공포가 커서 불안의 정도가 높게 나타났다. N씨가 자신의 억눌린 감정을 분출하는 것에 초점을 두며, 화산 폭발과 용암의 형태를 조금 더 크고 박진감 넘치게 표현할 것을 요청하면서 미술치료 작업을 이어나갔다.

작업을 통해 자신의 솔직한 감정을 파악하고 이해하는 일은 대단히 중요하다. 그래서 그림의 의미를 이해하는 첫번째 단추는 자신이 그린 그림을 보면서 떠오르는 느낌과 생각이 무엇인지 살펴보는 것이다. 화산 그림을 보고, '화가 났네'라고 느꼈다면 그림의 의미는 '분노'라는 주제어로 풀어나간다. 굳이 그림으로 감정을 표현하지 않아도, 화난 상태를 느낄 수 있다. 하지만 그림에는 말로 다 할 수 없는 감정의 섬세한 요소가 담긴다. 화가 난 대상이 있는지, 분노 외의 다른 감정은 어떤 것이 있는지, 상황과 맥락이 연결되어 있는 감정인지, 혹은 맥락으로부터 동떨어져서 감정에 압도되지는 않았는지 등 그림에 담긴 이야기를 통해 자신의 분노를 세밀한 시선으로 들여다볼 수 있다.

자신의 감정을 모두 다 알고 있는 듯해도, 다른 각도에서 바라보면 여전히 모르고 있거나 인정하지 않으려 했던 부분을 발견하게 된다. 그것이 바로 자신의 감정을 미술 작업으로 표현하는 이유이자 치유의 시작이다. 그러니 단순히 '미술 작업이란 테이블 위에서 그림 그리기'라는 선입견을 버리고, 마음을 표현하는 다양한 방법을 시도하는 일에 인색하지 말자.

제 그림은
망한 것 같아요

감정을 표현하는 일은 그 자체로 치유가 되는 것일까? 마음속에 꾹꾹 눌러두었던 감정을 터뜨려서 흘려보내면 오히려 더 위험해지는 것은 아닐까?

만약 작품을 만들다가 찢고 싶다거나 던져서 박살 내버리고 싶다면 그것은 위험해지는 신호라 할 수 있다. 하지만 아무것도 표현하지 않고 그대로 눌러두기만 한다면 상황은 더 위험해질 수 있다. 마음에 대나무숲을 만든다고 생각하고, 그림을 그리든 조형 작업을 하든 자유롭게 감정을 표현해보자. 미술 작업 과정에서 자신의 작품을 최대한 소중히 여기겠노라고 약속을 하고 작업에 임해보자. 이 세상에 망한 작품은 없다. 미술치료의 핵심은 다음 명제로 요약된다. "치유를 위한 미술 작업은 결과물이 아니라 과정이다."

이생망이 아니라 이그망! 이번 그림은 망했다고요.

우리가 하고자 하는 바는 마음을 들여다보고 보듬으며, 치유하는 미술 작업이다. 결과물을 두고 평가하거나 장식용 미술품처럼 판매하려는 게 목적이 아니다. 그러므로 어떤 경우에도 망한 작품은 없다. 오히려 내 마음의 한 장면을 있는 그대로 포장하지 않고 드러낸 것이어서 소중하다.

그럼에도 여전히 '아, 망했네. 버려야겠다'라는 마음이 든다면, …… 그 래도 괜찮다. 정 그렇게 마음에 안 든다면, 곱게 버리고 새로 시작해보자.

우울한 사람의
내면 바꾸기

　우울한 마음을 변화시키는 기본적인 치료 방향을 소개한다. 개인의 성격 구조에서 우울이 기인한 경우, 가족과의 관계에서 해묵은 상처가 있고 여전히 가족 갈등으로 고통받거나 직장생활을 비롯한 인간관계에서 갈등이 반복된다면 다음 제시하는 다섯 가지 방향성이 문제해결에 도움이 될 것이다. 물론 자신에게 해당하는 사항이 없다면 넘겨도 좋다.

　첫째, 남의 눈치를 보지 말고 자신이 느끼고 생각하는 바를 표현해보자. 솔직하게 표현하는 것은 처음이 어렵지 한번 솔직해지고 나면 그다음부터는 훨씬 홀가분하다.

　둘째, 현실 세계에서 그게 무엇이든 순도 100퍼센트인 것은 없다. 좋은 것이든 나쁜 것이든 전체로 존재하는 것이 아니라 단지 일부분일 뿐이다. 설사 최악의 상황이라고 판단되더라도 좋은 면과 나쁜 면이 뒤섞여 존재한다. 자신의 못난 면에 대해서 확대해 생각할 필요도 없고, 굳이 그것을 감추려 노력할 필요도 없다. 자신이 부정적이라고 판단되는 요소가 있어도, 그 때문에 존재 자체가 부정되지 않는다.

셋째, 자신과 타인에 대한 기대치를 낮춘다. 세상 어디에도 절대적이고 완벽한 대상은 없다. 기대치를 낮추면 보다 더 자유로워진다. 기대만큼 잘하지 못한다고 해서 세상이 끝나는 것도 아니고, 자신이 무의미한 시간을 보낸 것도 아니다. 혹시 기대치를 낮춘다는 말이 섭섭하게 들린다면, '욕심을 버린다'는 표현으로 바꿔도 좋겠다.

넷째, 내 것과 네 것을 구분하자. 자신이 책임질 수 있는 것과 자신의 책임이 아닌 것을 구분해야 한다. 자신이 우울한 이유가 상대방 때문이라고 말한다면, 내 것과 네 것을 구분할 필요가 있다. 냉정하게 들리겠지만, 이것은 진실이다. 가령 "아버지가 말을 함부로 해요" "어머니가 저를 누구와 비교해요" "언니가 저를 무시해요" "애인은 제가 물건 사주는 기계인 줄 알아요" 등의 말을 살펴보자. 상대방이 마음에 들지 않게 행동하거나 자신의 기준에서 잘못된 태도나 행동을 보일 때 느낄 수 있는 감정이자 우울의 원인이기도 하다. 대부분 가족이나 연인, 친구 등 깊은 관계에서 자주 목격된다.

사랑하기 때문에 상대와 나를 나누어 생각할 수 없다고 항변할 수도 있겠다. 하지만 그렇다고 해서 우울의 원인을 상대방 탓으로만 돌리지 말자. 친구와 잘 맞지 않는다면 거리를 더 두어도 된다. 일주일에 한 번 만났다면 만남의 횟수를 한 달에 한 번으로 줄이는 것이다. 거리 두기와 관계 끊기는 다른 문제다. 횟수와 시간을 줄여 관계의 거리를 조절해보자.

우울 극복의 포인트는 무조건 빈도를 줄이는 것이다. 이미 접점이 없기 때문에 빈도를 줄이는 것이 아니라 더해야 한다고 생각할 수 있다. 그렇지만 미술 작업으로 만난 내담자들의 작품에 담긴 메시지는 예외 없이 '줄여야 한다'고 드러났다. 크고 무거운 짐 덩어리를 달고 있어서 그것을 끊어내야 했던 사람, 올가미 같은 인간관계로 이리저리 엮여서 자신의 에너지를 다 뜯어 먹히고 너덜너덜해진 사람, 너무 많은 일을 하고 있어서 그 일의 무게에 눌린 채 자신을 가루로 만들던 사람까지 모두 줄여야 한다는 메시지를 그림에서 보여주었다.

앞서 이야기했듯이 우울을 극복하기 위해서는, 가라앉는 에너지를 흔들고 움직이면서 죽은 가지를 잘라내는 가지치기가 필요하다. 모든 가지가 생명력을 지니고 있으리라 기대하지 말자. 그리고 스스로 움직이지 않으면서 에너지가 나오기를 기대하지 말자. 움직이고, 잘라내자. 무엇을 잘라야 할지 선택해 잘 정리하고 미련 없이 끊어내자.

다섯째, 경계boundary를 명확하게 하자. 줄이고, 가지치기를 완료했다면 그다음에는 그렇게 확보한 '정리된 마음의 공간'을 지켜야 한다. 경계를 명확하게 하면, 공간을 지키기가 조금 더 수월하다. 인간관계에서는 경계를 명확하게 할 때, 거절해야 하는 순간이 꼭 찾아온다. 상대의 요구를 거절하면 상대방에게 실망을 안길 수 있다. 하지만 상대방을 실망시키지 않겠다는 욕구도 결국 자신에 대한 지나친 기대라는 점을 생각해볼 필요가 있다.

심리치료 이론에서 우울의 원인으로 꼽는 것 중 하나는 마음의 안쪽으로 향하는 공격성이고, 다른 하나는 내면 깊은 곳에 자리잡은 나르시시즘이다. '나는 성숙하며 사려 깊은 사람이라서 다른 사람에게 상처 주는 일 따위는 하지 않아'라는 생각을 들여다보자. 상대방에게 실망을 안기고 싶지 않은 마음은, 얼핏 보면 상대에 대한 배려로 보이지만 다른 각도에서 보면 나르시시즘이 작동한 것이다.

우리는 살아가면서 내 느낌이나 생각이 사실이라고 믿고 살 때가 많다. 상대방 때문에 기분이 상하면 상대방이 어떠한 행동을 했기 때문이라고 생각한다. 하지만 엄밀히 따져보면 그 행동에 대해 내가 특정한 방식으로 해석했기 때문에 기분이 상하는 것이다. 의미를 어떻게 부여했느냐에 따라 내 감정은 매우 달라진다. 앞서 언급한 다섯 가지 기준으로 자신의 우울한 마음을 짚어보았으면 한다.

아크릴화를
그려봅시다

　마지막으로 소개하는 우울한 사람을 위한 자가미술치유법은, 아크릴물감을 사용해 팝아트 방식으로 자신의 얼굴을 그리는 것이다. 아크릴물감은 발색이 선명하고 수용성이라서 유화보다 다루기 쉬운 매체다. 준비할 재료도 아크릴물감, 붓, 팔레트, 물통, 그리고 캔버스나 종이 등으로 간단하다.

　아크릴물감은 빨리 마르고 쉽게 굳는다. 그래서 몇 가지 유의사항이 있다. 우선, 팔레트를 사용할 때는 일회용 종이 팔레트를 쓰거나 유리판을 써야 한다. 접시에 랩을 씌우거나 알루미늄호일을 씌우고 그 위에 물감을 짜서 사용해도 좋다. 수채화용 팔레트에 아크릴물감을 짜서 쓰면 그 팔레트를 다시 쓸 수 없을지도 모른다. 그다음 중요한 것은 붓이다. 붓을 사용한 다음에는 빨리 세척해두어야 한다. 아크릴물감이 붓에

아크릴물감

일회용 종이 팔레트,
스케치북처럼 한 장씩 쓸 수 있다.

다양한 형태의 페인팅 나이프

묻은 채로 굳어버리면 그 붓을 다시 쓰기 어렵다. 간혹 붓 대신 페인팅 나이프를 써서 아크릴화를 그리기도 한다. 나이프에 묻은 물감 역시 굳기 전에 세척해야 한다.

물감을 짠 후에는 물감 튜브의 뚜껑을 꼭 닫아두자. 안 그러면 튜브 안의 물감도 굳어버린다. 이렇게 소개하고 나니 아크릴화 재료 다루기가 까다로워 보이는데, 실제로 사용해보면 질감도 부드럽고 색깔이 선명하고 채색한 부분도 빨리 말라서 즐겁고 재미난 작업을 할 수 있다.

아크릴화는 수채화처럼 종이에 그릴 수도 있고 유화처럼 캔버스에 그릴 수도 있다. 아크릴용지가 따로 있어서 그것으로 시작해봐도 좋다. 그 외 수채물감이나 유채물감과 달리 매끈한 도자기, 플라스틱, 가구 위에 그리는 것도 모두 가능하다. 아크릴화는 수채화나 유화와 느낌이

아크릴화 작업

확실히 다르다. 수채화처럼 겹쳐 칠한 부분이 보이거나 유화처럼 겹겹이 칠한 아래쪽 물감의 느낌이 묵직하게 올라오지 않는다. 그렇지만 빨리 마르기 때문에 칠한 곳에 덧칠하기가 쉽다.

　색칠할 때는 수채물감을 사용할 때와 비슷하다. 붓을 물에 적신 뒤 붓 앞뒤로 물감을 충분히 묻히고 칠하면 된다. 붓에 물기가 너무 많다면 타월로 대서 닦아내며 수분을 조절한다. 다 사용한 붓은 충분히 씻어주는데, 붓모 사이사이에 낀 물감이 빠지도록 물통 바닥까지 닿게 붓을 꾹꾹 눌러가며 씻는다. 그다음, 맑은 물에 한 번 더 씻는다. 아크릴화를 그릴 때는 물통을 두 개 이상 준비해두고 사용하는 게 편하다. 맑은 물에서 물감이 더이상 나오지 않는 것을 확인해야 한다. 참, 가끔 보면 세척한 붓을 물통에 그대로 꽂아두는 경우가 있다. 세척이 끝난 붓

완성된 아크릴화

은 물기를 잘 털어 보관해두는 습관을 들이면 좋다. 물에 계속 두면 붓
모가 상할 수 있다.

캔버스를 준비하고 그 위에 아크릴화를 그려보자. 젯소로 밑칠을 해두
면 더 좋고, 바로 아크릴물감을 칠해도 된다. 첫 그림이라면 음영 없이 명
료하게 그려보기를 추천한다. 대상의 안쪽을 다 칠한 후 검은색으로 외
곽선을 따로 그리면 깔끔하게 마무리할 수 있다. 아크릴물감은 발색이 좋
아 선명한 느낌을 준다. 생동감 넘치는 컬러라서 위안을 받을 수 있다.

우울할 때 보면
좋을 명화

우울할 때, 혹은 마음에 잔잔하고 소박한 위로가 필요할 때 감상하면 좋은 그림으로 포크 아트folk art 화가들의 작품을 소개하려 한다. 포크 아트는 민화, 민속미술이라 부르는데 다른 말로는 아웃사이더 아트outsider art, 독학미술self-taught art, 또는 소박파素朴派, 나이브아트naive art 라고도 부른다. 제도권 내에서 미술교육을 받지 않고 그림을 그리는 화가들을 총칭하는 표현이다. 미술치료 분야에서는 특히 독학미술의 흐름을 중요하게 여긴다. 미술치료에서 추구하는 미술의 방향과 맥을 같이 하기 때문이다.

첫번째 추천할 작가는 우리에게 '모지스 할머니'라는 애칭으로 더 친숙한 애나 메리 로버트슨 모지스Anna Mary Robertson Moses, 1860~1961이다. 그녀는 열두 살의 나이에 입주 가정부 일을 시작했고, 농장에서 일하던 중 남편을 만나 결혼했다. 이후 자녀를 낳고 양육하며 평범한 삶을 영위했다. 그녀가 그림을 본격적으로 그리기 시작한 것은 70대 중반즈음이라고 한다. 워낙 늦은 나이에 그림에 입문했기 때문에 후대 사람들이 '새로운 것을 시작하기에 늦은 나이는 없다'는 이야기를 할 때 화가 모지스를 종종 언급한다. 모지스의 작품은 소박하고 섬세하며 어린아이 같은 천진난만함이 돋보인다. 동시에 삶을 따뜻한 시선으로 관조하듯 바라보는 어른의 눈길도 느낄 수 있다. 101세의 나이로 작고할 때까지 작품활동과 전시를 지속했다. 모지스의 생애와 작품에 대해 궁금한 독자에게 이소영 작가의 『모지스 할머니, 평범한 삶의 행복을 그리다』(홍익출판사, 2016)를 권한다.

애나 메리 로버트슨 모지스,
「마을 회관(The Town Hall)」,
1950년

애나 메리 로버트슨 모지스,
「생일 케이크(Birthday Cake)」,
1952년

비슷한 화풍의 화가로 클레멘타인 헌터Clementine Hunter, 1886~1988를 꼽을 수 있다. 헌터는 미국 남부 루이지애나에서 태어나 농장의 노동자로 살았던 흑인 여성이다. 글을 배우지 못했지만, 50대가 되었을 때 그림을 그리기 시작했다. 그림을 그리게 된 계기는 그녀가 일하던 농장이 예술가들의 아지트가 되었고, 마침 한 화가가 붓과 물감을 두고 간 덕분이었다고 한다. 이후 헌터는 5000점이 넘는 작품을 그렸다. 헌터가 자신의 그림을 처음 팔았을 때 받은 돈은 단돈 25센트였다. 시작은 미미했지만 그녀는 인생의 굴곡을 거쳐서 뉴올리언스 미술관에서 개인전을 연 첫번째 흑인 화가가 되었다. 그녀 역시 모지스처럼 어느 누구에게 미술을 배우지 않았다. 일찍이 그림을 시작할 수 있었던 환경도 아니었다. 흔히 인생이 황혼으로 접어든다고 말하는 나이에, 아무도 가르쳐주지 않은 미술에 깊이 빠졌다. 헌터의 작품 역시 소박하고 따뜻하며 진지하다. 다음두 작품을 추천한다.

**클레멘타인 헌터,
「목화 따기(Picking Cotton)」,
1950년대**

**클레멘타인 헌터,
「장례식 행렬(Funeral Procession)」,
1950년**

모드 루이스Maud Lewis, 1903~70는 캐나다의 포크아트 화가다. 캐나다의 동쪽 끝, 노바스코샤주에 살았던 루이스는 일평생 가난했다. 류머티스 관절염으로 거동이 불편했고, 특히 손놀림이 어려웠다. 젊은 시절 만난 첫사랑은 그녀와 아이를 두고 떠났고, 혼자 양육을 할 수 있는 형편이 아니었던 터라 루이스는 아이를 다른 곳에 입양 보냈다. 이후 다른 사람과 결혼한 루이스는 직접 그림을 그려 만든 크리스마스카드를 팔았고, 남편의 격려 속에 계속 그림을 그렸다. 루이스의 작품은 처음에

25센트에 팔렸으나 이후 사람들에게 알려지고 인기를 얻으면서 사후 그녀의 작품 가격은 4만5천 달러에 이르렀다.

루이스가 신체적으로나 경제적으로 순탄하지 않은 삶을 살았지만 그녀의 작품에서 보이는 색채는 밝고 잔잔하며 따뜻하다. 소와 고양이 등 동물을 주제로 한 작품이라든가 나무와 초원, 작은 집들이 어우러진 시골 풍경에 대한 묘사는 소박하고 섬세하다. 대체로 봄날의 느낌을 주는 작품을 많이 남겼다. 캐나다 동쪽 끝이었으면 봄날이 짧았을 텐데, 어쩌면 짧은 봄이 아쉽고 사랑스러워서 작품으로 더 많이 남겼는지도 모르겠다. 영화 「내 사랑My Love」(2016)과 다음 두 작품을 함께 살펴보기를 추천한다.

**모드 루이스,
「봄날의 황소(Oxen in Spring)」,
1960년경**

**모드 루이스,
「무제—파란 눈의 흰 고양이들
(Untitled: White Cats with Blue Eyes)」,
1965년경**

2

불안한 마음을
다스리는 미술

나를 뒤흔드는
불안

불안은 현대를 살아가는 우리가 하루에도 몇 번씩 경험하는 감정이다. 생존하고자 하는 모든 생명체에게 필수불가결한 감정이자 동시에 살아 있음을 확인할 수 있는 증거이다. 불안을 경험하기 때문에 사람들은 자신의 생존을 위협하는 위험 요인을 빠르게 감지하고 대처할 수 있다.

그렇지만 불안하다는 것은 그 자체로 피곤하고 힘들다. 현대인들은 생존에 대한 위협을 느낄 때뿐 아니라, 자신의 명성이나 성공 가능성, 자존심, 관계 등에 좋지 않은 일이 생길 경우에도 이를 위협으로 느끼고 불안해한다. 지켜야 할 것들 혹은 지키고 싶은 것들이 많아지면 불안한 마음도 커질 수밖에 없다. 불확실한 현재와 아직 오지 않은 미래에 시달리고, 현재의 불안이 지나가면 또다른 불안을 만난다. 욕심을 부려서가 아니다. 그저 오늘날의 삶이 너무 바빠 진행되고 그 속도에 치이는 일이

거센 물결에 휩쓸리지 않으려면 어떻게 해야 할까.

빚어지기 때문이다.

　지난 장에서 우울에 관해 언급했던 것과 마찬가지로, 불안한 마음이 든다면 미술치료를 통해서 스스로 마음을 위로하고 다독여줄 수 있다. 병원이나 상담센터에서 전문적인 도움을 받고 있는 경우에도 이 책에 소개된 방법을 권한다. 누구라도 쉽게 자신을 돌보고, 마음을 조금 더 단단하게 만들어주는 '마음 처방전'이다.

불안
이해하기

불안한 마음의 시공간은 어떠한 모습일까?

먼저 공간을 떠올려보자. 사람들이 듬성듬성 있는 공간과 빽빽하게 모인 공간을 상상해보자. 어느 쪽이 더 불안하게 느껴지는가? 그다음으로 빠르게 흐르는 시간과 느리게 흐르는 시간을 상상해보자. 둘의 차이는 어떠한가?

불안의 기저에는 빽빽하게 밀집된 상태와 빠르게 흘러가는 속도감이 있다. 현대사회가 결과 중심적으로 흘러가다보니, 사회 구성원들은 어쩔 수 없이 공간 집약적이고 바쁜 삶을 요구받는다. 아무래도 자본과 노동력, 시스템이 몰려 있어야 효율적으로 결과물을 산출하고 사회 시스템이 유지·발전하기 때문이다. 물론 그 반대의 상태도 불안하기는 마찬가지다. 밀집되지 않고 아무도 없는 곳이 더 무섭고 불안하게 느껴질 수

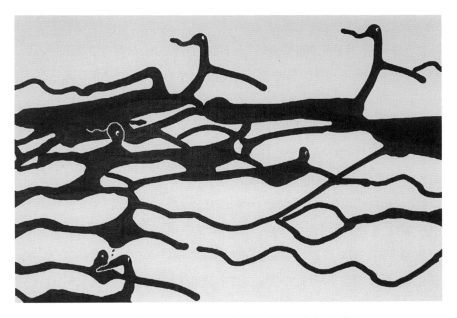

J. Jue, 「정신없이 한 방향으로 달려가는 사람들」, 캔버스에 먹물

있으며, 고요한 시간 속에 혼자 남겨진 듯한 느낌 역시 외롭고 불안하다. 특히, 스스로 지킬 수 있을 만큼 충분히 강하다고 느끼지 못하면 이 또한 불안한 마음으로 귀결될 수밖에 없다.

　외부의 실제적인 환경은 분명 심리적으로 영향을 준다. 마음이 자신을 둘러싼 환경보다 더 과하게 움직일 때 감당할 수 없는 불안이 찾아온다. 마음이 쉼 없이 외부 속도에 끌려가면 결국 만성적으로 불안을 경험하게 된다. 그래서 외부 환경과 조금 떨어져 스스로 마음의 속도를 조절하는 것이 필요하다. 심리적으로 비어 있는 공간을 확보해 마음을 쉬게 해야 한다. 마음이 빈틈없이 가득 채워져 있다면 일부분은 비워야 한다.

불안은 삶이 자신의 역량보다 더 빨리 흘러간다고 느낄 때 경험한다. 사람마다 자신에게 걸맞은 특정 속도가 있다. 너무 많은 일을 급하게 처리하면서 이것저것 다 떠맡은 상태라면 과부하가 걸릴 수밖에 없다. 과도하게 일에 몰두하던 사람이 번아웃 증후군burnout syndrome이나 공황장애를 경험했다는 이야기는 결코 가볍게 흘려들을 일이 아니다. 양의 조절도 필요하고, 속도의 조절도 필요하다.

나는 정신건강의학과에 찾아온 60대 중반 남성의 미술치료를 담당한 적이 있다. 불안장애 증상을 보이는 그에게 선과 색, 면을 사용해서 자신의 감정을 그림으로 그려볼 것을 요청했다. 그랬더니 그는 자동차를 그린 뒤, 길게 선을 그어서 도로를 그렸다. 그리고 마지막에는 '140km'라고 적은 뒤, 내게 이렇게 질문했다.

"선생님, 고속도로에서 140킬로미터로 놓고 달려본 적 있으세요?"

"시속 140킬로미터요? 네, 있습니다."

"바로 그 기분입니다."

"네?"

"제 기분이요. 제 감정이, 마치 고속도로에서 시속 140킬로미터로 달릴 때 긴장되고 신경이 바짝 쓰이는, 그런 상태예요."

그날 우리가 모든 이야기를 나누지는 못했지만, 다음 작업의 방향은 조금 더 선명해 보였다. 그가 병원에 온 까닭은 갑자기 브레이크를 밟은 듯한 느낌이 들어서였다. 내담자의 불안한 마음에 공감하면서 '액셀에서 발을 떼는 것'이 삶에 어떤 영향을 미칠지 찾아보기로 했다. 안전하게 서서히 마음의 속도를 줄일 수 있도록.

속도로 상징되는 불안을 줄이기 위해 진행했던 이미지 작업으로 이런 것이 있었다. 종이를 반으로 접어서, 한쪽 면에는 자신의 역량과 에너지를 상징하는 덩어리를 그리고, 다른 쪽 면에는 자신에게 주어진 책임과 과업, 의무를 상징하는 덩어리를 그렸다. 그런 다음, 그 덩어리들을 모두 잘라내어 무게를 다는 저울(이것도 그림으로 그렸다)에 올려놓았다. 예상대로 책임과 의무의 덩어리가 있는 쪽으로 추가 기울었다.

몸에 남은 불안의 흔적을 살펴보는 것으로도 불안을 이해할 수 있다. 불안감을 느끼면 근육이 긴장해 굳어진다. 그래서 긴장한 근육을 풀어주면 불안감을 누그러뜨리는 데 도움이 된다. 어깨와 목 주변, 이마 미간과 눈 주변, 전반적인 몸의 자세 등 신체에 새겨진 불안의 흔적을 구석구석 찾아보자. 스트레칭을 통해 긴장한 몸을 풀어주고 이완시키자.

몸도 마음도 꾸준히 스트레칭을 한다면, 불안을 관리할 수 있다. 스트레칭 및 요가와 미술 작업, 이미지 떠올리기를 결합하면 불안을 다스리는 데 더욱 효과적이다. 스트레칭을 하고 나서 그때 느낀 바를 그림으로 그려보자. 색깔로 표현한다면 무슨 색일지, 선으로 그린다면 어떤 선일지 표현해보자. 이렇게 몇 번 작업을 하고 나면, 자신이 그린 그림을 이미지로 떠올리는 것만으로도 도움을 받을 수 있다. 즉, 긴장되고 불안하지만 당장 스트레칭을 하기에는 어려운 순간에 이미지 트레이닝으로 마음에 여유를 찾을 수 있다. 호흡에 집중하는 것도 불안한 마음을 진정시킨다. 깊고 긴 호흡은 마음의 박자를 한층 느리게 진행되도록 해준다. 충분히 심호흡을 한 뒤 자신이 느끼는 신체적인 변화나 감정을 그림으로 표현하도록 한다. 눈으로 볼 수 있는 이미지를 그리면 마음에 각인시키기 쉽고, 나중에 이 상태를 다시 떠올리기도 수월하다.

상징으로
만나는 내 모습

　미술치료에서 자주 사용하는 주제 중 하나가 '자신을 상징으로 나타내는 것'이다. 그림 그리는 사람이 주제를 생각하며 이미지를 그리게 되니 수월하게 작업을 마칠 것 같다. 하지만 실제로 그림을 그려보면 미처 생각하지 못했던 면을 발견하게 된다. 생각과 사고는 언어를 기반으로 이루어지고 상징은 이미지를 기반으로 이루어지기 때문이다. 이번에는 상징의 마법을 믿고, 자기 자신을 상징화해서 표현해보자.

　불안의 정도가 높은 사람들은 호흡이 짧고 속도가 빠르다. 그 속도는 마음의 속도와 동일하다고 볼 수 있는데 대개 자신이 빠르게 가고 있다는 사실도 모르는 경우가 많다. 쉬운 예로, 걱정이 많은 사람은 마음이 모든 것을 앞질러서 생각하고 고민하고 걱정한다. 오늘 일어난 일만 생각해도 충분한데, 한 달 뒤, 일 년 뒤, 몇 년 혹은 몇십 년 뒤까지 미리 걱정하느라 좀처럼 불안이 가시질 않는다. 그러한 자신의 모습을 상징적으로 표현해보자.

'자신의 모습을 길에 빗대어 표현하기' 작업을 했을 때, 30대 중반의 여성은 이렇게 말했다.

"저는 고속도로입니다."

간단한 대답이 돌아와서 그 주제와 대상에 대해 상세하게 묘사해주기를 다시 청했다. 그림 그린 사람이 대상을 그릴 때는 별생각 없이 그렸다고 느낄지라도, 묘사하는 과정에서 자기 자신도 미처 깨닫지 못했던 면들을 발견하기 때문이다. 다음과 같이 작품을 좀더 자세히 묘사해달라고 요청했다.

"고속도로군요. 조금 더 자세히 말씀해보세요. 고속도로의 모습이나 상태는 어떻습니까?"

그랬더니 고속도로를 그린 여성이 이렇게 대답했다.

"차들이 모두 너무나 빨리 달려요. 아주 쌩쌩 달리고 있습니다. 저는 고속도로인데 터널이 많아요. 그래서 터널에서 사고가 자주 납니다."

현재 자신이 직면한 상황을 길로 표현한 것임을 고려해볼 때, 차들이 빨리 달리고 있는 고속도로를 떠올린 점이나 터널에서 사고가 자주 발생한다는 말에서 쉽게 그 사람이 처한 상황과 상태를 유추할 수 있다. 이처럼 나를 대변하는 상징을 상세하게 표현하는 것은 불안을 누그러뜨리는 데 분명히 도움이 된다.

J. Jue, 「내가 걷고 싶은 길」, 캔버스에 혼합재료

"저는 길 양쪽으로 큰 나무가 서 있는 시골길을 걷고 싶습니다. 콘크리트 바닥이 아닌 흙과 나무, 풀이 있는 길을 걷고 싶어요. 나뭇잎의 속삭임을 들으면서 마냥 걷고 싶습니다. 자동차를 타고 휙 지나가버리는 게 아니라, 천천히 걸어보고 싶습니다."

 자신이 걷고 싶은 길, 가고 싶은 길을 그려보세요.

(가고 싶은) 길을 완성했다면, 그 길 위에 자신의 모습을 만들어 배치해 보겠습니다. 그림으로 그려도 좋고, 색철사나 점토를 사용해 만들어도 좋습니다. 종이에 그린다면 길을 그린 그림과는 별개로 다른 종이에 자신의 전신상을 그려주세요. 색깔을 칠한 다음 오려주세요. 그리고 그림 속에 자신의 모습을 배치해보세요.

주변 풍경을
살펴봅시다

이번에는 길이 아닌 그 주변을 살펴보자. 이 작업은 앞서 살펴본 '길로 표현하는 나' 주제와 연결된다. 길 주변 풍경은 우리의 인생 여정에서 마주하는 다양한 경험을 상징으로 보여줄 것이다.

작업할 때 두 가지 변화를 시도해볼까 한다. 첫째는 바라보는 시점에 변화를 주는 것이다. 마치 드론을 공중에 띄웠다고 상상하고, 새의 시점에서 풍경을 내려다보자. 어떤 모습이 보이는가? 시점을 바꿔 길과 그 주변 풍경을 내려다보아도 좋고, 저 멀리까지 내다보아도 좋다.

두번째는 색 도화지를 오리거나 손으로 찢어서 붙여보자. 붓이나 연필이 아닌, 도화지를 찢어 붙여서 작품을 만드는 것은 새로운 느낌을 준다. 화가 앙리 마티스Henri Matisse, 1869~1954도 종이 오리기paper cut-outs 기법을 즐겨 사용했다. 마티스는 말년에 암수술을 받은 뒤 병상에 누워

앙리 마티스, 「이카로스」, 종이 오리기에 구아슈, 43.4×34.1cm, 1946년, 파리 조르주 퐁피두센터

있거나 휠체어를 타야 했다. 그는 더이상 붓을 쥐고 그림을 그리기 어렵다는 것을 깨닫고는 종이 오리기 작업을 시작했다. 마티스는 선과 형태, 색이 단순하고 명료한 종이 오리기를 즐거워했고, 이 작업이야말로 회화와 조각의 결합이라고 느끼며 진정한 자기표현이라고 말하기까지 했다. 후대의 미술평론가들 역시 종이 오리기 작업이 마티스의 경력에서 '화려한 마지막 장'이 되었다고 칭송한다.

우리도 종이를 자르거나 찢어서 풍경을 표현해보자. 이 작업을 통해 미술을 경험하고 느끼는 관점과 접근방식을 새로이 할 수 있을 것이다.

어디를 향해
걷고 있나요?

현대인에게 바쁜 삶은 피할 수 없는 숙명과도 같다. 그래서 삶에서 무엇이 나의 목표이고 최종 목적지인지 점검하고 생각해볼 시간은 더욱 필요하다. 자신의 목표를 분명하게 알고 있다 하더라도, 그것을 그림으로 표현해보기를 권한다. 이미지로 나타나는 것은 언어로 지칭하는 것과 다를 수 있다.

한 가지 예를 들어보자. 처음 만나는 사람과 자기소개를 나누는 상황이다.

❶ 자신을 소개해보세요. 무엇이라 말했나요?

❷ 자신을 그림으로 표현해보세요. 구체적이든 추상적이든 자유롭게 그려보세요. 어떻게 그렸나요?

장수풍뎅이는 장수하늘소보다 쉽게 만날 수 있는 곤충이다. 강인하게 생존하는 모습이 좋아 보인다. 장수풍뎅이처럼 '평범하지만 강인한 모습'을 내 목표로 삼고 싶다.

간단한 연습인데, 반응은 꽤 다르게 나오는 경우가 많다. 언어로 자신을 소개할 때는 대체로 객관적인 정보를 주로 전달한다. 이름, 하는 일, 전공이나 이력 등의 내용을 담는다. 자신을 그림으로 나타낼 때는 성격이나 취향과 같은 주관적 정보를 표현하는 경우가 더 많다. 말로 소개하는 방식은 사회적으로 통용되는 내용이 암묵적으로 정형화되어 있기 때문일 것이다. 반면 그림으로 자신을 소개하는 방식은 조금 낯설지만 창의적인 표현이 나올 확률이 높다. 이처럼 우리가 알고 있다고 생각하는 것도 표현 방식이 달라지면 미처 의도하지 않았던 면을 새롭게 발견할 수 있다. 무엇을 만나게 될까, 기대하면서 나의 목적지를 그려보자. 나는 어디를 향하고 있는지.

 자신이 향하는 곳, 자신의 목적지를 상징적으로 묘사해보세요.

장기적이고 궁극적인 자신의 목표는 무엇인가요? 구체적이지 않아도 좋습니다. 자신에게 최고의 의미를 갖는 것에 대해 잠시 생각한 뒤, 그것을 묘사해주세요.

완성한 뒤에는 그 작품을 자신의 방에서 가장 눈에 띄는 곳에 두세요. 하루에 한 번, 작품 앞에서 자신과 이야기 나눠보세요. 오늘 하루 나의 발걸음이 목적지로 향했는지 조용히 되돌아볼 수 있습니다. 잊지 마세요. 그 목적지는 다름 아닌 스스로 선택하고 결정한 것임을요.

지금
내 발걸음

　'길' 작업의 마지막 관문을 소개한다. 손이나 발을 종이에 대고 테두리를 따라 선을 그은 뒤 그 안을 그림으로 채우는 작업을 해보자. 어린 시절에 많이 했던 놀이와 닮은 작업이라고 할 수도 있겠다. 나이 들어서 하면 나름 새로운 경험으로 다가온다. 손과 발은 그 사람의 정체성을 드러낸다. 얼굴만큼 두드러지게 정체성을 보이는 것은 아니라 하더라도, 손과 발은 개인의 실행력을 가장 잘 보여주는 신체 부위라 할 수 있다.

　우리는 인생의 경로도 그렸고, 그 길을 위에서 내려다보기도 했다. 주변 풍경도 묘사했으며, 향하고 있는 목적지도 그렸다. 이제 실질적인 움직임을 담당할 발을 본떠서 그려보자. 그 발은 어떤 모습으로 꾸며질까.

　작품을 그린 S씨는 자신의 꿈을 향해 걸어가는 발을 그렸다. 손을 본뜰까 생각도 했지만 그 방법보다는 '꿈을 향한 발걸음'이라는 주제에 맞

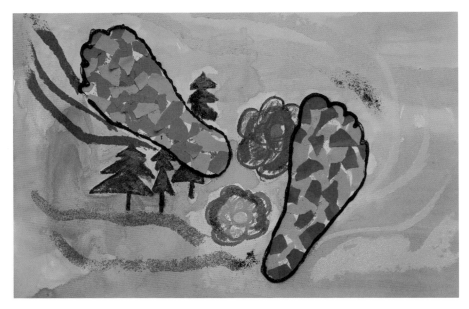

S씨, 「목표를 향한 발걸음이 꽃길만 가는 것은 아니라 하더라도」, 도화지에 혼합재료

쳐 발을 본떴다. 색지를 찢어 붙이고 물감과 오일파스텔로 배경을 칠했으며 색모래도 뿌렸다. 특히 발의 외곽선은 분명하게 표시되었으면 해서 목공풀을 바른 뒤, 검정 색모래를 붙여주었다. 색모래로 표현한 물결무늬는 발끝에 와닿는 바람의 흐름이다. 이렇게 좋아하는 것을 묘사하고 나니, 목표를 향한 발걸음이 힘들지만 의미 있게 다가와 그 자체로 꽃길이라는 생각을 하게 되었다고 한다. 열심히 노력하지만 결과를 장담할 수 없어서 두렵고 불안함을 느꼈는데, 그래도 밝은 빛 위를 걷는 것 같아서 행복하다는 말도 덧붙였다.

색모래를 붙일 때 사용하는 풀은 물풀이나 딱풀, 목공풀 등 어떤 종

다양한 종류의 풀

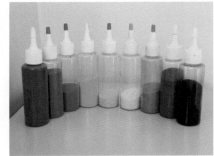
다양한 색깔의 색모래

류든 사용 가능하다. 색모래를 붙이고 싶은 형태를 따라서 풀을 바른 뒤 그 위에 색모래를 뿌리면 된다. 색모래가 담긴 뚜껑 윗부분을 열면 아주 적은 양을 뿌릴 수 있고, 뚜껑 자체를 열면 한꺼번에 많은 양을 뿌릴 수 있다. 종이를 이리저리 기울여서 모래가 풀 위에 붙도록 한다. 몇 번 종이를 기울인 다음, 붙지 않은 모래는 털어낸다.

● 종이에 색모래 붙이기

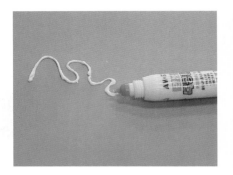

1. 색모래를 붙일 부분에 풀을 칠한다.

2. 풀 위에 모래를 조금씩 뿌린다.

3. 한꺼번에 많은 양을 뿌릴 수도 있다.

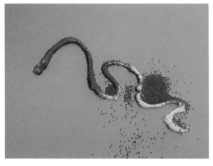

4. 종이를 기울여서 모래가 고루 붙도록 한다.

5. 완성

순간을
소중히

바쁘고 복잡한 세상에서 천천히 음미하며 산다는 것은 무엇일까.

- 성취를 위해 뛰더라도 이미 가진 것에 감사하며 바라보기
- 오늘 하루도 버틴다는 장엄한 결심 위에 주변 환경을 세심하게 살펴보기

제시한 맥락에서 연습을 시작해보자. '지금—현재'에 초점을 맞추고, 우리 주변의 모든 생명체를 자세히 바라보기를 권한다. 아름다움은 이미 거기에 존재하고 있는데, 눈길을 충분히 주지 않아서 그냥 지나쳤던 것은 아닐까. 세심하게 주변을 관찰해보자.

대상을 충분히 음미하는 방법 중 하나는 그 대상을 바라보며 초상화를 그려보는 것이다. 이때, 얼마나 사실적으로 묘사할 수 있는지 여부는 전혀 중요하지 않다. 찬찬히 바라보는 것, 그리고 그것을 그려주는 것. 이

두 가지만 명심하자. 대상을 바라보며 그리는 시간은 대상의 존재감을 완전히 느끼며 몰입하는 일이다. 관계에서 새로운 시도를 하기 원하면 서로 초상화를 그려주는 것도 매우 좋다. 호기심을 갖고 열린 마음으로 시도한다면 언제든 이 방법은 최고의 결과를 낳는다. 즐거움에 있어서나 연결감에 있어서 충만한 느낌을 누리게 될 것이다.

 집 안의 물건 가운데 대상 하나를 선택해서 찬찬히 살펴보고 그것을 그려보세요.

화분처럼 생명을 가진 것이면 더 좋겠습니다. 그림을 그리면서 색 일부분을 바꾸어도 좋습니다.

이 주제는 가끔 내가 미술치료를 하면서 만나는 사람들에게 숙제처럼 내주는 것이다. 나도 한번 해봐야겠다고 생각하고 집 안을 둘러보다가 기르는 식물이 눈에 띄었다. 식물 이름을 몰라서 검색했더니 '페페로미아 클루시폴리아peperomia clusiifolia'라는 긴 이름을 갖고 있었고, '홍페페'라고 부르기도 한다는 사실을 알았다. 몇 년 동안 키웠는데 이름도 몰랐다니 미안했다. 그러고 보니, 이 화분을 사두고는 물을 주는 일 외에는 바빠서 딱히 해준 게 없었다. 그런 무관심 속에서도 홍페페는 쑥쑥 잘 자랐다.

가만히 홍페페를 들여다보고 있자니, 새삼 예쁘기도 하고 생명력이 놀랍기도 했다. 나도 이 홍페페처럼 건강하게 살았으면 좋겠다는 마음이 들

홍페페

그림으로 그린 홍페페

어 도화지에 그 모습을 옮겨보기로 했다. 이왕이면 다루기 쉬운 매체로 그리면 좋겠다 싶어서 파스넷(사진 참조)을 사용했다. 그림을 그리는 데는 겨우 15분 남짓한 시간이 걸렸다. 순간 15분의 여유도 없이 쫓기듯이 사는 건 아닌가 하는 생각이 들었다.

파스넷은 크레파스랑 비슷한데 색발림이 훨씬 부드럽고, 다 그린 뒤에 물만 묻혀도 수채화처럼 표현할 수 있어 간편하다. 그래서 미술치료를 받는 사람들에게 꽤 인기 있는 회화도구다.

있는 그대로의
'마음 챙김'

시시각각 변하는 외부 환경에 대응하기 위해 에너지를 쏟다보니, 대상을 찬찬히 살펴보기가 쉽지 않다. 하지만 건성으로 보는 것은 끝내 마음을 상하게 하는 싹이 된다. 찬찬히 살펴보는 것은 눈으로 하는 마음 챙김 mindfulness이다. 판단하지 않고 그저 있는 그대로를 바라보되, 마음을 모아 그 대상에 주의를 기울임으로써 알아차리는 것, 그것이 바로 '마음 챙김'이다.

마음 챙김은 현재 하는 행위가 무엇이 됐든 손쉽게 실천할 수 있다. 예를 들어, 식사 중이라면 먹는 감각에 온전히 초점을 맞추고, 그 경험 전체에 집중하면 된다. 마음 챙김은 전적으로 현재, 지금 이 순간에 초점을 맞춘다. 과거나 미래로 마음이 이동하는 것은 결코 마음 챙김이 아니다. 마음은 언제든 이곳저곳으로 이동하려 하고, 과거나 미래의 사건을 떠올리려 한다. 그래서 의도적으로 마음을 현재에 두고, 어떤 평가도 하지 않고 있는 그대로 현상태를 수용해야 한다.

우리가 바라보는 대상에서 어떤 결점이나 흠집 같은 것을 발견할 수도 있다. 하지만 그것은 단지 하나의 평가방식에 따른 결과일 뿐이다. 다른 방식으로 바라보면 결점이 아닐 수 있다. 절대적인 결점은 없다. 주의 깊게 보지 않을 때는 그저 흠이나 결점으로 느껴질 수 있겠지만, 찬찬히 대상을 바라보면 그것만의 가치를 깨달을 수 있고, 있는 그대로를 받아들이고 인정할 수 있다.

가장 편안한
자세

최고로 편안한 상태를 상상해보자. 편안한 마음이라든가, 편안한 상황을 떠올리는 것도 좋은 방법이다. 구체적으로 '몸'부터 시작하자. 몸과 마음은 긴밀하게 연결되어 있다. 몸은 우리의 의도와 의지에 따라 움직이며, 자세에 따라 심리 상태가 바뀌기도 한다. 어릴 적에 "똑바로 앉아라" 같은 말을 들었던 적이 있을 것이다. 단순히 겉으로 보이는 자세를 바로잡는 의미 이상의 가르침이다.

가령 불안하지 않고 안정감이 있으며 기분 좋은 상태를 지향한다면, 그 순간에 몸이 어떤 자세였는지 기억해보라. 그때를 떠올리는 것만으로도 몸과 마음이 반응할 것이다. 나아가 그러한 자세를 취한 인물을 직접 만들어본다면, 훨씬 더 분명하고 구체적으로 느낄 수 있을 것이다.

편안한 자세를 취한 사람을 입체로 만들어보자. 평면적인 회화 작업

"저는 휴가 가서 쉬면서 책 읽는 것을 좋아해요.
그래서 편안하게 책 읽는 모습을 만들어보았어요.
발아래에는 부드러운 카펫이 깔려 있고요,
제 등 뒤로도 기분 좋은 쿠션이 있어요.
이렇게 쉬고 있을 때가 가장 좋아요."

을 해도 되지만, 자세를 조금 더 입체적으로 만들고 인지하기 위해 조형 작업을 추천한다. 조형 재료로는 점토를 사용하자. 점토는 무른 흙인데 최근 들어 매우 다양한 제품이 나온다. 생찰흙이라고 부르는 천연찰흙은 점성이 있고 미세한 입자를 지녔다. 흙의 색깔과 냄새를 온전히 전달해 사용할 때 흙이 주는 정서적 안정감과 편안함을 느낄 수 있다. 하지만 손에 흙이 많이 묻고 물기가 마르면 딱딱하게 굳으며 찰흙 가루도 많이 떨어지는 단점이 있다. 이러한 특징을 개선해서 나온 폴리머클레이는 합성수지 점토다. 합성수지 점토는 빨리 굳지 않고 가루도 날리지 않으며 색깔을 내기도 쉽다. 두 종류의 점토가 각기 장단점이 있으니, 작업자의 선호에 따라 재료를 선택하자.

자, 마음에 드는 점토를 준비했다면 이제 작업을 시작해보자. 도구

● 다양한 종류의 점토
(소개하는 점토는 모두 국내에서 생산된 것이다.)

하비도에토

주황, 검정, 흙색의 점토 외에 대리석 무늬의 점토도 있다.

아모스
아이클레이

색 점토다. 빨리 굳지 않고, 색을 섞어 다양한 발색이 가능하다.

도너랜드
천사점토

천사점토는 점토 중에서 가장 가볍다. 흰색만 판매되며, 사인펜이나 물감 같은 수성재료를 사용해서 콕콕 찍은 뒤, 손으로 점토를 조물조물 만져 색을 입힐 수 있다.

여주교재
옹기토

천연찰흙으로 개봉 후에는 쉽게 굳으므로 비닐로 잘 싸두어야 한다. 건조해졌다면 물을 뿌린 후 비닐로 싸서 보관한다.

조선도재
청자토

천연찰흙으로 앞서 언급한 옹기토와 동일한 방법으로 보관한다. 조선도재에서 판매하는 점토는 백자토, 분청토, 옹기토, 흑토, 갈색조형토 등이 있다.

이야코사(社)
만지락유토

기름이 섞인 찰흙이다. 물 대신 기름 성분이 있으므로 쉽게 굳지 않는다.

동아문구
라인점토

얇고 길다란 철사처럼 생긴 점토로 색이 다양하다.

화성산업
데코돌 지점토

'꽃전용 지점토'라고도 하는 데코돌은 지점토 중에서 입자가 고운 편으로, 다 마른 뒤에 사포질을 하기 쉽다.

다양한 점토 도구

없이 맨손으로 작품을 만들 수 있지만, 점토 칼을 비롯한 도예도구를 사용하면 좀더 다양한 표현이 가능하다. 긴 철사는 덩어리 점토를 자를 때 사용한다. 스펀지는 점토를 매끄럽게 다듬을 때 사용하는데 물을 묻혀서 점토 표면을 살살 닦아주면 된다. 송곳이나 칼처럼 생긴 도구는 점토에 여러 가지 형태를 그리거나 새길 때 유용하다.

점토는 질감 표현도 다양하게 할 수 있다. 이쑤시개나 면봉 등 주변의 눈에 띄는 물건을 활용해서 질감 표현도 해보자.

가장 편안한
표정

얼굴에는 메시지가 드러난다. 걱정이 가득한 얼굴, 수심이 깊은 얼굴에서는 특별히 무슨 말을 하지 않아도 이미 표정에서 불안과 걱정이 읽힌다. 편안한 얼굴과 행복한 얼굴도 마찬가지다.

앞에서 '자세'를 떠올렸다면 이번에는 편안한 표정을 상상하며 미술 작업을 해보자. 이러한 미술 작업을 하는 이유는 얼굴 표정이 달라지면 내적 경험도 달라지기 때문이다. 일반적으로는 내적 경험에 따라 얼굴 표정의 변화가 생기는데 이를테면 기분이 나빠져서 얼굴이 일그러진다든가 즐거운 일이 생겨서 표정이 활짝 펴지고 함박웃음을 터뜨리는 경우다. 하지만 표정과 감정의 연결고리는 강하게 형성되어 있어서 표정 변화로 내적 경험을 변화시키는 것도 가능하다. 즉, 행복해져서 웃는 것이지만 반대로 웃어서 행복해지기도 한다.

가장 편안한 표정을 짓는 토끼
유토로 만든 작품이다. 유토는 찰흙에다 기름을 섞어 조각으로 빚기에 좋도록 만든 흙으로 쉽게 마르거나 갈라지지 않는다. 찰흙으로 작업하기 어려웠다면 유토를 사용해봄직하다.

 원하는 재료를 사용해서 가장 편안한 표정을 만들어주세요.

불안한 마음을 진정시키고 마음에 힘을 더할 수 있도록 편안한 표정을 만들어보세요. 이번 주제도 앞서 소개한 점토를 사용해 작업할 수 있습니다. 전면 입체가 어렵다면, 부조처럼 일부분이 입체가 되게 만들어주세요.

갑옷과 무기를
갖춘 나

　앞서 불안을 느끼는 순간으로 시공간이 빽빽하고 빠르게 흘러가는 것 외에도 혼자 있을 때라든가 자신이 약하게 느껴질 때를 꼽았다. 그래서 이번에는 자신의 이미지를 강력한 모습으로 꾸며보려 한다.

　그림자 사진을 찍어보자. 긴 다리를 원한다면 해가 비스듬히 넘어가는 시간에 맞추면 된다. 하지만 너무 길쭉한 그림자는 사람이 싱겁다는 인상을 줄지도 모르겠다. 마음에 드는 그림자가 찍힐 때까지 사진을 찍은 다음, 편집해보자. 요즘은 사진 편집 애플리케이션이 다양하게 나와 있어서 초보자도 비교적 쉽게 사용할 수 있다.

　자신의 모습에 힘을 더해주자. 어떻게 하면 좋을까? 무기를 장착할 수도 있고 갑옷을 입혀줄 수도 있다. 이것저것 아이디어를 더해보자. 사진 편집에 익숙해지거든 자신의 사진을 찍어서 곧바로 작업해보아도 좋다.

1. 그림자 사진을 찍는다.
2. 편집을 통해 슈퍼파워를 갖춘 이미지로 재탄생

SNS에 올리거나 친구들에게 보내서 즐거운 덕담을 받기도 좋을 것이다.
　작품을 그릴 때는 스스로 검열하거나 평가하지 않아야 한다. 그림으로
표현하는 일은 옳고 그름의 문제가 아니다. 억눌린 감정을 표출해 크고
강한 이미지로 자신을 표현하거나 평소에 해보지 못했던 모습으로 꾸민
자신을 만나길 바란다.

특별한
보호 상자

고전문학에는 원형元型과 상징의 세계가 담겨 있다. 우리는 『별주부전』을 보고 거북이를 충忠의 상징으로 이해하지, 토끼의 간을 훔치려는 범죄자로 바라보지 않는다. 상상과 상징으로 풀어내는 이야기를 사실의 기술記述이 아니라고 해서, 단순히 허구라고 치부하지 않는다. 오히려 상상과 상징이 담긴 이야기를 통해 새로운 의미를 발견하고 창조한다. 이처럼 이야기는 실제 현실에서 벌어지는 일보다 마음에 더 분명하고 강력한 효과를 새기기도 한다.

『별주부전』에서 토끼가 자신의 간을 바위틈 사이 깊숙한 곳에 숨겼다는 묘수를 써 위기를 모면한 것처럼, 우리 마음속에 불안을 담당하는 주머니가 있다고 상상해보자. 그리고 그것을 꺼내 어딘가에 잠시 맡겨두었다고 생각하자. 단, 불안을 맡기는 곳은 내 손으로 직접 꾸민 나만의 상자여야 한다. 마음속 불안을 꺼낼 수 있다면 상자를 꾸미고 만들어볼 마음이 생기지 않는가. 상상력을 좀더 발휘해보자.

 자신의 걱정과 불안을 담아둘 수 있는 상자를 꾸며보세요.

상자는 마분지같이 두꺼운 종이를 사용해서 직접 만들어도 되고, 기성품 박스를 꾸며서 만들어도 됩니다. 예를 들면 테이크 아웃용 커피 캐리어는 종이 재질이니까, 위쪽의 손잡이 부분만 잘라내고 나머지를 활용해서 만들 수 있겠지요.

상자를 꾸밀 때에는 안과 밖을 다르게 표현해보세요. 상자 안쪽은 불안을 붙들어주는 능력을 그려주고, 바깥쪽은 세상과 상자를 구분하는 능력을 그려주는 것입니다. 상자는 일종의 '결계'라고 생각해주세요. 결계가 쳐진 곳에서는 한쪽 세상이 다른 쪽으로 넘어가지 않습니다.

이제 상자가 완성되었다면, 그곳에 걱정과 불안을 안전하게 보관하겠습니다. 자신의 걱정/불안을 적어서 상자에 넣어주세요. 또는 자신의 불안을 상징하는 물건을 넣어두어도 좋겠습니다.

추가적으로 해볼 수 있는 방법은 다음과 같다. 매일 정해진 시간에 집중적으로 걱정만 하는 '걱정 시간'을 따로 정해두는 것이다. 그 시간에는 자신이 만든 상자에서 각종 걱정거리와 불안을 모두 꺼내어서 그것들만 바라보기로 한다. 단, 매일, 정해진 시간에만 한다. 걱정 시간을 30분으로 정해두었다면, 그 30분 동안에는 걱정과 근심만 생각하고 다른 일은

걱정을 넣어두는 상자

상자 안에 걱정을 상징하는
빨강, 노랑, 검정 폼폼이가 가득 들어 있다.

하지 않는다. 이렇게 정해두면, 오히려 그 시간에도 걱정에만 집중하지 않는 자신을 발견하게 된다. 그리고 평상시에는 불안하거나 걱정이 되려다가도 '아, 이따 정해진 시간에 몰아서 집중적으로 해야지'라고 넘겨버릴 수도 있다. 피하고 싶은 것을 집중해서 만나려고 하면, 오히려 그것의 실체가 더 작아진다니…… 삶에서 경험하는 아이러니가 아닐까 싶다.

나의
든든한 지원군

불안장애가 있는 사람들과 미술치료 작업을 할 때, 종종 걱정인형을 만들곤 한다. 걱정인형은 말 그대로 나를 대신해 걱정을 해주는 인형이다. 그 인형이 내 걱정을 다 가져간다고 상상하며 작업한다. 불안 강도가 심각한 정도가 아니라면 걱정인형 대신 특별한 지원군을 만들어보는 것도 좋다. 둘 간의 차이가 있다면, 걱정인형은 나보다 더 앞에 나가 전방에서 싸우고, 특별 지원군은 나를 뒤따라와서 작전을 함께 수행해주는 졸병들이라고나 할까.

우리의 작전명은 유머다. 무섭고 불안할 때 유머를 가져오면 상황은 종료된다. 그것이 무엇이든 유머를 더할 수 있다면 문제가 작아지면서 해결될 때가 많다. 그래서 우리 지원군도 유머를 듬뿍 담고 있는 모습으로 만들 예정이다. 어린 시절 만화에서 봤던 깡통 로봇처럼 말이다.

플레이콘과 색모루로 만든 힘 센 지원군

웃음 담당 지원군

그들이 모두 한자리에 모였다.

● 플레이콘으로 지원군 만들기

1. 플레이콘은 물을 묻히면 점성이 생긴다. 물을 많이 묻힐 필요는 없고, 물을 머금은 키친타월에 살짝 갖다 대는 정도면 충분하다.

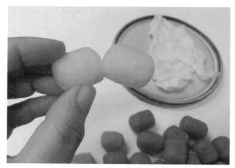

2. 물 묻은 플레이콘끼리 잘 붙는다.

3. 플라스틱 칼로 플레이콘을 톱질하듯 자를 수 있다.

4. 플레이콘은 손으로 눌러 크기를 조절할 수 있다.

5. 꾹 누르면 작아진다.

6. 원래 플레이콘과 작아진 플레이콘 사이즈 비교

7. 눈알을 준비한다.

8. 눈알을 플레이콘에 붙일 때는 목공풀을 사용한다.

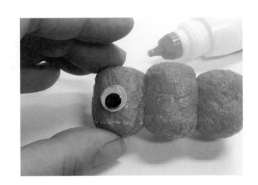

9. 플레이콘에 눈알을 붙인다.

동심을 회복하면서 지원군을 만들어보자. 작업에 사용한 재료는 플레이콘과 색모루, 눈알이다. 색모루는 중심에 철사가 있어서 플레이콘에 끼워넣어서 고정시킬 수 있다.

안식처를
찾아서

불안을 느끼는 정도가 크다면 '안전한 장소'에 대해 떠오르는 이미지를 그려보자. 머릿속에 구체적인 이미지를 그린 뒤, 그 장소에서 내가 보호를 받으며 충분히 쉬고 있는 상상을 하는 것이다. 이러한 연습을 반복하면, 위급한 순간에 '안전 장소 떠올리기'만으로도 긴장이 완화되는 효과를 얻을 수 있다.

평소 불안 정도가 지속적으로 높은 것은 아니지만, 때에 따라 불안한 마음 때문에 시달리거나 스트레스를 받는다면 '위로가 되는 풍경' 이미지를 떠올리자. 안전한 장소가 '보호'의 효과를 준다면, 위로가 되는 풍경은 '회복'의 효과를 준다. 마음을 위로해주고, 지친 상태가 회복될 수 있는 풍경 이미지를 떠올려보자. 상상의 장소도 좋고 실제 장소도 좋다. 풍경을 떠올렸다면 그림으로 그려보자. 세부적인 부분까지 생각하지 않아

H. Jue, 「한가로운 강 풍경」, 캔버스에 혼합재료

도 괜찮다. 그림을 그리면서 구체화시키자. 때로는 머리보다 손이 목적지로 가는 방법을 알고 있다. 그림을 그릴 때의 재료는 무엇을 사용하든다 좋다.

천천히,
깊게

불안한 마음은 얕고 가쁜 호흡에도 큰 영향을 받는다. 호흡을 좀더 느리고 긴 박자로 깊게 내쉰다면 불안한 마음을 진정시킬 수 있다. 긴장되면 심호흡하라는 말이 나오는 것도 같은 맥락이다.

천천히, 깊게.

산소를 충분히 들이마시고, 몸 안에 있던 이산화탄소를 모두 배출한다. 심호흡을 몇 번 반복하면, 근육의 긴장도 풀리고 정서적으로도 이완된다.

의자나 바닥에 앉아서 편안한 자세를 취해보자. 그리고 자신이 숨 쉬는 것을 가만히 지켜보자. 호흡의 속도는 어떠한가? 너무 빠르거나 느리지는 않은지 주의를 기울여보자. 호흡의 깊이는 어떤가? 숨을 들이쉬고 내쉴 때, 갈비뼈 부분이나 복부의 수축과 팽창은 어느 정도 느껴지는가?

자신의 호흡을 선으로 그려보세요.

선은 여러 가지가 있습니다. 긴 선, 짧은 선, 두꺼운 선, 가느다란 선, 구불구불한 선이나 쭉 뻗은 직선, 긴 실선과 점이 모인 점선, 색깔을 다르게 할 수도 있고, 사용하는 재료를 다르게 할 수도 있습니다. 여러 선과 색으로 자신의 호흡은 어떤 느낌인지 그려보세요.

호흡을 선으로 표현했다면 그림의 느낌은 어떠한가요? 혹시 바꾸고 싶은 부분이 있나요?

자세를 다잡고 편안하게 숨 쉬면서 자신의 호흡에 집중해주세요. 다시 호흡을 그려봅시다. 달라진 부분이 있나요? 있다면 어떻게 달라졌나요?

에너지를
가득가득

자신을 동물로 묘사한다면 무엇과 닮았을지 상상해보자. 이 세상에
없는 동물이라도 상관없다. 상상의 동물이든 실재의 동물이든, 혹은 그
둘을 결합한 새로운 동물이든 모두 다 좋다. 자유롭게 어떤 표현이든 시
도해보자. 화면 속 동물이 충만한 에너지를 가지고 있다고 상상한다면,
어떻게 표현해주겠는가?

예시 작품은 초록 옷을 입은 검정 토끼다. 토끼 주변으로는 각종 밝은
빛들이 가득하다. 눈알을 폼폼이로 붙였더니, 어느 각도에서 보는가에 따
라 토끼의 표정이나 느낌이 달라 보인다. 옆에서 볼 때 토끼도 곁눈질을
하는 것처럼 느껴진다. 에너지를 가득 채운 토끼조차도, 어느 각도에서
보느냐에 따라 눈치를 보는 것 같다. 정면으로 마주보는 것이 중요함을
가르쳐주는 듯하다.

에너지가 가득 찬 토끼의 정면

토끼의 옆모습

디지털 그림
그리기

같은 사물도 어느 각도에서 바라보느냐에 따라 느낌이 천차만별이다. 인상은 그렇게 달라질 수 있다. 이번에는 하나의 그림을 두고 원본과 수정을 가한 그림을 비교해보자.

태블릿이나 휴대폰으로 사진을 편집하는 애플리케이션이 다양하게 출시되어 있으니, 그 가운데 하나를 선택해 사용해보길 권한다. 파일로 그림을 저장하면 얼마든지 새롭게 다양한 결과물을 만들어낼 수 있다. 그렇게 하다보면, 하나의 정답만 있는 게 아니라 제각각 서로 다른 의미를 지니고 있다는 생각이 들 것이다.

예시의 그림은 절벽 사이의 길을 묘사한 것이다. 처음에는 아무것도 없는 휑한 풍경이 쓸쓸하게 느껴져서 무지개를 더해주고 풀도 그려넣었다. 그렇게 완성된 그림을 보니 나쁘지 않았지만, 처음의 아무것도 없는 원작

길

또다른 길

풍경도 나름의 분위기와 멋이 있다. 겨울은 겨울대로, 여름은 여름대로 각 계절의 아름다움이 있는 것처럼 말이다.

인생도 마찬가지 아닐까. 답이 하나라고 생각하면, 마음의 불안은 늘 우리를 쫓아오는 것 같다. '정해진 대로 살지 못하면 어떡하나' '그렇게 할 수 없을 것 같은데 어떡하나' 하는 걱정이 꼬리를 문다. 그러나 답은 하나가 아니라 여럿이고, 저마다 나름의 가치와 아름다움을 지닌다고 여기면 상황은 달라진다. 조금 더 느긋한 태도로 삶을 바라볼 수 있다.

명화
따라 그리기

    재미있고 즐거운 작업에 깊이 몰두하다보면, 마음의 불안을 잊어버리게 된다. 명화 따라 그리기는 최근에 인기를 끄는 취미미술 중 하나다. 시중에는 주로 빈센트 반 고흐Vincent van Gogh, 1853~90를 비롯한 후기인상주의 화가들의 작품을 따라 그릴 수 있도록 밑그림이 그려져 있고, 색칠할 수 있는 재료를 함께 묶어서 DIY 키트로 판매한다.

    작품을 따라 그리는 행위는 좋아하는 작품을 천천히 오래도록 즐길 수 있게 한다. 어떤 그림을 따라 그릴지는 선택의 폭을 넓혀서 여유롭게 바라보기를 권한다. 그리고, 따라 그린다고 해서 똑같이 만들 필요는 없다. 부분적으로 달라도 되고, 느낌만 살려도 된다.

    예시 이미지는 앞서 소개한 오빠가 김환기 작가의 전시회를 다녀온 뒤 작품에서 받은 감동을 그린 것이다. 자신만의 느낌으로 원작의 특징

H. Jue, 「파도」, 한지에 혼합재료

을 잘 포착했다. 감상을 그림으로 표현하는 작업을 하는 동안 오빠는 자신이 만났던 김환기 작품의 느낌과 감동을 충분히 되새김질하고 있었으리라.

참고로 김환기 작가의 작품은 실물로 감상했으면 한다. 아무리 사진 기술이 발달했다 하더라도, 사진은 실물의 감동을 모두 담아내지 못한다. 깊고 푸른 색감의 '김환기 블루'를 서울 부암동에 자리한 환기미술관이나 규모 있는 전시에서 만나길 권한다.

유화를
그려봅시다

아직 한 번도 유화 작업을 해보지 않았다면, 이번 기회에 도전해보자. '미술에 소질이 없다'거나 '미술이랑 담을 쌓았는데 유화라니' 하고 주춤할 수 있겠다. 하지만 유화는 생각보다 어렵지 않다. 오히려 연필로 그린 그림은 섬세한 묘사력과 사실적인 표현력을 그대로 드러내기 때문에 대다수가 만족스럽게 잘 그려지지 않는다고 말한다. 반면 유화 작업은 작품을 완성한 뒤의 만족도가 비교적 높은 편이다. '어렵지 않을까?' 하고 겁부터 내지 말고 일단 한번 시작해보자.

준비할 재료는 유채물감, 유화 붓, 페인팅 나이프, 팔레트(종이 또는 나무), 캔버스, 젯소, 린시드유와 테레빈유(혹은 혼합오일), 오일을 담을 작은 통, 붓 세척액, 기름통, 앞치마 등이다. 유화 붓은 수채화용 붓보다 모질이 뻣뻣하고, 세척한 뒤 바로 다른 색을 묻혀서 사용하기가 어렵다.

● 유화 준비물

뚜껑 덮은 기름통과 유채물감

다양한 크기의 유화 붓

고무로 된 붓

다양한 모양의 고무붓

젯소를 바르는 붓. 롤러도 되고 납작하게 넓은 빽붓(배경붓)도 된다. 사용한 후에는 반드시 세척해두자.

붓을 세척할 기름통과 붓 세척액

맨 왼쪽과 중간의 기름은 모두 린시드유, 맨 오른쪽은 테레빈유다. 린시드유는 황변하는 성질이 있고, 테레빈유는 색깔이 없이 투명한 기름이다. 맨 왼쪽의 린시드유가 노랗게 변한 것을 볼 수 있다.

오일을 섞어 쓰든 혼합유만을 쓰든 조금씩 부어놓고 써야 하므로 오일을 담는 작은 기름통도 필요하다. 뚜껑이 달린 작은 기름통에 테레빈유와 린시드유를 부어서 쓴다.

그래서 여러 개를 준비한 뒤 그림을 그릴 때 각각의 용도에 맞게 쓰도록 하자. 내 경우에는 그림을 그릴 때 30개 정도의 유화 붓을 쓴다. 붓이 많으면, 하나의 붓에 색을 자꾸 섞어 쓰지 않아도 되어서 색이 깔끔하게 나온다. 유채물감은 종류가 다양한데, 국내 물감 브랜드(신한, 알파)를 추천한다. 12색이나 24색 세트도 있지만 처음 시작할 때 36색 세트로 시작하고, 나중에 필요한 색깔만 낱개로 구매하는 게 효율적이다.

그다음, 유화는 물감을 개서 바를 오일이 필요하다. 보통 두 가지 종류의 오일을 섞어서 쓰는데, 테레빈유와 린시드유가 있다. 두 개가 섞인 혼합오일을 살 수도 있지만, 그림을 그리다보면 빨리 마르는 게 더 좋다거나 기름진 느낌이 더 좋다거나 하는 개인의 취향이 드러난다. 그렇기에 처음에는 두 가지 오일을 따로 사서 섞는 습관을 들이는 편이 더 좋다. 테레빈유는 휘발성유로, 유화용 물감을 녹여 부드럽게 만든다. 광택이 없고 물감이 마르면 날아간다. 린시드유는 아마 씨앗에서 추출한 기름으로, 광택이 있고 마르는 데 시간이 오래 걸린다. 섞는 비율은 대개 테레빈유를 60~70퍼센트, 린시드유를 30~40퍼센트 정도로 테레빈유를 좀더 많이 사용한다.

유화는 종이가 아니라 천 위에 그린다. 캔버스는 유화를 그리는 천으로, 수채화로 치면 종이나 스케치북에 해당한다. 화방에 가면 나무틀에 천을 덧대어 짜둔 캔버스를 판다. 크기에 따라 1호부터 100호까지 다양한데, 유화를 처음 시작한다면 10호(53×45.5cm)에서 시작해보자. 10호 미만은 너무 작고, 20호부터는 커서 부담스럽다고 느낄 수 있다. (캔버스 천의 종류가 아마인지 면인지에 따라 가격 차이가 나는데 아마가 더 비싸다. 유화를 시작하는 단계에서는 면으로 된 캔버스로도 충분하다.)

캔버스 뒷면은 십자 형태의 나무 틀로 짜인 것이 뒤틀림을 방지해 오래 보존이 가능하다. 십자형 외에 일장형이나 외곽 틀만 있는 경우는 시간이 지남에 따라 캔버스가 틀어질 수 있다.

캔버스까지 준비를 마쳤다면, 본격적으로 그림 그리기 전, 캔버스에 젯소를 칠해두자. 되직한 흰색 크림 타입의 젯소는 석고와 아교가 혼합된 재료다. 물감의 발색과 접착이 잘 이루어지도록 캔버스에 밑칠을 하는 것이다. 젯소를 필요한 만큼 덜어서 물을 섞고, 뻑뻑하지 않을 정도로 묽어졌다

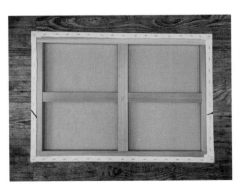

캔버스의 뒷면

싶으면 캔버스에 발라준다. 젯소는 금방 마르니까, 잠시 기다렸다가 마르고 난 뒤에 다시 덧칠해준다. 그렇게 세 번 정도 덧칠해준다. 젯소가 고르게 충분히 잘 발리면 발색이 잘 된다. 유화는 낚시와 비슷하다. 젯소를 칠한 다음에는 하루 정도 묵혀서 시간이 흐르길 기다리자. (기다리는 게 지루하다면, 한 번 젯소칠을 할 때 일고여덟 개 캔버스를 한꺼번에 작업하면 된다. 그러면 마지막 캔버스를 칠했을 때 즈음에 첫번째 캔버스의 젯소는 말라 있을 것이다. 생각보다 빨리 마른다.)

그림을 그리기 시작하면, 이젤에 캔버스를 세워두고 그리는 게 무척 편하다는 것을 알게 된다. 실내용이라면 나무 이젤이 좋다. 마지막 준비물로는 앞치마 정도가 있다. 생각보다 물감이 옷에 잘 묻는다.

이제 드디어 시작이다. 밑그림을 그리는 사람도 있고 곧바로 색칠하며 그리는 사람도 있을 것이다. 밑그림은 연필, 색연필, 목탄 등으로 그리거나 아주 옅은 유채물감으로 그려도 된다. 밑그림이 완성되면 칠하기 시작한다. 유화는 물감을 겹겹이 쌓아올리는 방식으로 작업하는데 짙은 색에서 옅은 색 순으로 칠한다. 마지막 색을 올린 후 보면 아래에 깔린 색들도 은은하게 올라온다. 그래서 마냥 밝게 칠한 경우보다 어둡게 시작해서 밝은색을 더한 경우가 더 깊이 있는 밝음을 만들어낸다.

색을 칠했는데 덜 마른 경우에는 그 위에 덧칠을 할 수 없다. 물감이 발리지 않고 밀려버린다. 아쉽겠지만 거기까지가 끝이다. 최소 3일에서 일주일 정도는 말려야 한다. 완전히 바짝 마른 다음에 덧칠하는데 이렇게 말리고 칠하고를 몇 번씩 반복하다보면, 시간을 담은 유화 작품이 완성된다. 충분히 색깔이 칠해진 캔버스에 거의 마지막으로 흰색을 찍을 때의 기분은 더할 나위 없이 좋을 것이다.

J. Jue, 「시간을 낚는 낚시」, 캔버스에 혼합재료

그러데이션은 유화 그리기에서 가장 쉽게 접근해볼 만한 기법이다. 마음에 드는 색깔을 고른 뒤
차례로 칠하면서 그러데이션을 만들자. 유화를 처음 경험할 때 이만큼 재미있는 것도 없다. 한 가
지 색을 칠한 뒤, 조금 떨어진 곳에 그다음 색을 칠한다. 처음 칠한 색과 두번째 색이 자연스럽게
겹치면서 두 색깔 사이 공간이 서서히 변하는 것처럼 만들어주는 것이다. 완전히 마른 다음, 더 칠
해도 된다. 콜라주 기법으로 그림 위에 다른 물건을 붙여도 좋다. 예시 작품 속 낚싯대는 나뭇조각
이고 낚싯줄은 색철사를 썼다. 낚싯줄 끝은 캔버스를 뚫어 넣은 뒤 묶어서 고정했고, 낚싯대는 글
루건으로 붙였다. 심심해 보여서 낚시찌 같은 역할을 하라고 중간에 깃털 하나를 추가했다.

매번 그림 그리기가 끝나면 꼭 붓을 세척해야 한다. 물감이 묻은 채로 마르면 그 붓은 다음에 쓰지 못하기 때문이다. 기름을 머금은 붓이라서, 세척하려면 반드시 붓 세척액이 필요하다. 붓 세척액과 세척액을 담아둘 큰 기름통(유통)을 준비한다. 붓 세척 순서는 다음과 같다.

❶ 붓에 남은 물감을 휴지로 한번 짜듯이 닦아낸다.
❷ 붓을 세척액이 담긴 기름통에서 비벼서 1차로 깨끗이 씻는다.
❸ 주방세제를 이용해 물감 색이 나오지 않을 때까지 세척한다.

유화는 시간이 걸리는 작업임을 마지막으로 한번 더 강조하고 싶다. 유화는 끊임없는 덧칠 작업이 필요하다. 그런데 덧칠을 하기 위해서는 칠한 부분이 완전히 말라야 한다. 마르기까지 시간이 꽤 걸리므로 유화 작업은 곧 기다림을 견디는 연습이라고 할 수 있다. 그런 이유로 불안을 자주 겪는 사람에게는 유화 작업을 추천하고 싶다. 대체로 걱정이 많거나 불안감에 시달리는 사람은 고민을 접어두고 기다리는 일에 어려움을 겪는다. 계속 머릿속에서 고민을 굴리면서 더 크게 키우는 경향이 있다. 어쩌면 유화에 몰입하는 동안은 잠시 걱정을 잊지 않을까? 그렇게 해서 시간을 견디는 마음 근육이 조금 더 단단해지기를 기대한다.

불안할 때 보면
좋을 명화

장 폴 르미외Jean Paul Lemieux, 1904~90는 20세기 캐나다 화단에 한 획을 그은 표현주의 회화작가다. 르미외의 초기 작품은 일상적 삶의 스토리가 다양한 색조와 천진난만한 느낌으로 제시된다. 그의 1944년 작 「성체축일 행렬, 도시 퀘벡Corpus Christi, Quebec City」에는 마을 길을 따라 축제의 행렬이 진행되는 모습을 볼 수 있다. 뒤쪽에는 퀘벡 성이 보이고, 성에서부터 아래쪽으로 연결되는 길에는 특별한 의상을 갖춰 입은 행렬이 길게 늘어서 있다. 마을 사람들은 이 행렬을 구경한다. 다양한 색으로 표현된 옹기종기 모여 있는 집들도 축제에 참여한 구성원의 일부인 듯하다.

르미외는 지천명의 나이를 넘기면서 작품 주제와 방식이 급격하게 달라졌다. 주로 황량하고 적막해 보이는 풍경 속에 서 있는 인물화를 남겼는데, 이 시기의 작품들이 그를 캐나다를 대표하는 화가로 만들었다고

장 폴 르미외,
「성체축일 행렬, 도시 퀘벡」,
1944년(두번째 그림)

장 폴 르미외,
「고속도로(Autoroute)」,
1963년

한다. 비슷한 시기에 나온 풍경화도 흰색과 회색이 주된 색조를 이룬다.

캐나다 퀘벡 출신인 르미외는 삶의 대부분을 퀘벡과 몬트리올에서 보냈으며, 남긴 작품들로 보아 사람들이 많지 않은 시골 풍경을 사랑했던 것 같다. 인생 후반부로 가면서 점차 무르익은 그의 작품 속에는 배경이 모두 눈으로 덮인 넓은 들판이 종종 등장한다. 광활한 들판을 효과적으로 보여주기 위해 지평선 너머로 사라지는 화물기차를 그려넣기도 하고, 차량이 없는 도로만 묘사하기도 한다. 눈이 쌓인 적막하고 고요한 들판, 끝없이 이어지는 풍경 속에 아무것도 없다. 그리고 그 텅 빈 공간의 쓸쓸함과 고요가 그림을 바라보는 관객의 주변까지 감싸는 듯하다. 캔버스의 크기는 그리 크지 않은데도, 작품을 보고 있노라면 공간이 점점 확대되고 넓어져서 무한의 공간 앞에 서 있는 듯한 느낌을 준다. 내가 장 폴 르미외의 그림에 끌렸던 것은 그림 속의 길과 드넓은 공간에서 풍겨나오는 끝없는 고요함 때문이었다.

불안한 마음에 위로를 건네는 작가로 스위스의 화가 페르디낭 호들러 Ferdinand Hodler, 1853~1918를 소개하고 싶다. 호들러는 스위스의 자연과 인물을 주로 그렸으며, 상징주의와 아르누보의 영향을 받았다. 이후 그는 그림에서 대칭과 리듬을 중요하게 표현했는데 이를 '평행이론parallelism'이

페르디낭 호들러, 「저녁의 고요」, 캔버스에 유채, 100.5×80cm, 1904년경, 스위스 빈터투어미술관

라고 일컫는다.

　호들러의 작품 중 「저녁의 고요^{Silence of the Evening}」를 권하고 싶다. 그가 그린 그림 속 여성은 대체로 강인하고 당당하며 고요한 가운데 힘을 지닌 모습으로 묘사된다. 천천히, 그러나 성큼성큼 걷는 발걸음에서 자신감이 느껴지지 않는가. 저녁의 고요 속을 걷고 있는 여성이라니……. 나는 이 그림을 보면서 서정주 시인의 「국화 옆에서」에 등장하는 '누님'이 떠올랐다. 어쩐지 그림 속 여인은 긴 길을 걸어오면서 마침내 강인하고 성숙한 모습을 갖게 되었다고 넌지시 말을 건네는 것 같다.

미술관
테라피

그림을 그리거나 조형 작업을 해보고 싶은데 막상 그리려고 하면 막막하게만 느껴지고, 뭘 어떻게 해야 할지 아무것도 생각나지 않는다. 다른 사람들은 쉽게 시작하는데, 나만 이런 게 아닌가 위축되는 느낌도 든다. 무엇을 그려야 할지 떠오르지 않는다면, 다음 항목을 확인해보자.

- 나는 그림을 너무 못 그린다.
- 나는 창의적인 사람이 아니다.
- 무엇을 그릴지 머릿속에 계획이 서야 시작할 수 있다.

만약 위의 세 가지 항목 중 두 가지 이상에 해당한다면, 한 달에 한두 번 정도 미술관 방문을 추천하고 싶다. 그것이 첫 시작이 될 것이다. 내가 직접 무엇인가 해야 한다는 압박감을 잠시 내려놓고, 다른 사람들의 작품을 즐기는 것으로 시작하자.

학창시절 미술 수업은 그림을 그리고 점수로 평가받거나 미술사를 외워서 시험을 쳤던 시간으로 남아 있다. 이제 그 기억은 흘려버리자. 미술사를 모르더라도 얼마든지 작품을 즐길 수 있다. 머리로 정리하고 외워야만 미술 감상을 할 수 있는 건 아니다. 보는 순간에 느낌이 오는 것. 그것이 미술이다. 만약 느낌이 오지 않는다면, 그저 그 작품은 내 취향이 아닌가 보다 하고 지나치면 된다. 독서를 할 때도 마찬가지 아니던가. 취향에 맞는 책이 있는가 하면 그렇지 않은 책도 있다. 남들이 좋다고 말하는 책인데 내게는 와닿지 않고, 우연히 읽게 된 책인데 마음에 큰 파도를 일으킬 수도 있다. 감상과 느낌은 개인적이면서 개별적인 것이므로 편안한 마음으로 미술관에 가서 작품을 보길 바란다.

시간을 내서 미술관에 갔는데 마음에 와닿는 작품을 한 점도 발견하지 못할 수 있다. 그래도 계속 가다보면, 언젠가 자신과 마음으로 연결된다 싶을 만큼 가슴을 울리는 작품을 꼭 만나게 될 것이다. 한 번 그런 경험을 하고 나면 미술을 즐기는 눈이 열리고 관심사가 확장된다. 고전적인 회화작품에서 출발하여 설치미술, 개념미술, 추상미술 등 폭넓은 현대미술까지 두루 접하다보면 우리 안의 창의성은 분명 새로운 지각변동을 일으킬 것이다.

다양한 작품을 직접 보고 감상하다보면 마음속에 품어둔 '난 그림을 잘 못 그리는데……' 하는 자기검열이 불필요한 족쇄에 불과하다는 사실을 알게 된다. 인풋input이 있어야 창의력도 생성된다. 마중물 없이 펌프질해봐야 물을 끌어올릴 수는 없는 것과 같다.

나는 고등학교를 졸업할 때까지 지방에서 살았고, 대학에 진학한 이후 서울살이를 시작했다. 학부 때 '동양미술의 이해'라는 교양 과목을 수강했는데, 그때 주어진 과제가 간송미술관에 다녀온 뒤 감상문을 내는 것이었다. 낯선 도시 서울에서 과제 때문에 방문한 간송미술관은 가는 길도 멀고 복잡했다. 하지만 막상 미술관에 도착하고 보니 찾아오기까지의 어려움 따위는 단박에 잊힐 만큼 좋았다. 정문에 들어서자, 안쪽으로 꽤 넓은 부지가 있었는데 비밀의 정원 같았다. 그리고 그곳에서 처음 보게 된 신윤복의 「미인도」는 놀랄 만큼 아름다웠다. 사족을 붙이면, 나는 한국화에 대해 잘 모른다. 고등학교 미술시간에 배운 것 이상을 알지 못한다. 아무것도 모르는 내 눈에도 「미인도」는 인상적이었다. 한참을 그 앞에 서 있었다. '실물로 보는 게 이렇게 다르구나' 하는 생각도 그때 했었다. 다른 작품은 별로 기억에 남지 않는다. 익숙하지 않아서 더 그랬던 것 같다. 이후에는 바빠서 미술관을 거의 찾지 못하다가, 미술치료를 공부하러 유학을 간 다음에야 본격적으로 미술관에 다니기 시작했다. 그때부터 거의 매주 미술관을 찾았다. 작품들이 마음에 들고 인상적이었던 때도 있었지만, 그렇지 않은 때도 있었다. 크게 개의치 않고 계속 다녔다. 그렇게 다니다보니 미술을 바라보는 눈도 조금씩 더 열렸고, 미술작품은 참 다양하다는 것을 경험했다.

분명 미술관에 방문하고 작품을 보는 것만으로도 마음이 정화되고 정서적으로 풍부해지는 효과가 있다. 미술관에 가는 것은 여유가 있을 때 할 수 있는 고급 취미 정도로 생각할 수도 있는데, 오히려 심적으로 절박한 환경에 처한 사람에게 미술관 방문을 권하고 싶다.

2005년 허리케인 카트리나가 미국의 뉴올리언스 지역을 강타한 뒤 그 지역의 아동을 대상으로 미술관에서 미술교육과 미술치료를 결합한

작품 감상은 하나의 이미지에 집중해 그 느낌을 스스로 찾아가는 과정이다. 자신도 모르는 사이 그림 한 점을 통해 마음의 상처를 위로받기도 하고 에너지를 얻을 수 있다.

프로그램을 사례로 들 수 있다. 당시 허리케인 때문에 인명피해도 컸고 마을 전체가 침수되어 치안과 생존, 건강 문제 등이 복합적으로 위협받았다고 한다. 그러한 절체절명의 위기를 극복하는 과정에서 미술관에 가고 미술 작업을 한다는 것은 자칫 너무 한가한 얘기처럼 들릴지도 모르겠다.

그러나 환경의 위협보다 더 무서운 것은 마음의 병이다. 허리케인 피해로 집과 학교가 없어진 아이들은 미술관에서 작품을 본 뒤 미술치료사와 함께 그림을 그리며 각자 마음에 든 작품에 대해 표현하고 이야기를 나눴다. 그렇게 아이들과 지역 공동체는 불안과 걱정을 딛고 다시 용기를 내어서 지역 재건을 이뤄갔다. 이후 뉴올리언스 미술관은 공립학교의 빈곤계층 아이들을 대상으로 미술관 방문과 작품 감상, 미술치료 프로그램을 꾸준히 제공하고 있다. 이처럼 미술관과 미술치료를 결합한 프로그램이 심리적 건강을 회복하는 데 효과가 있다는 사실이 확인된 후, 여러 미술관에서 정서적으로 어려움을 겪고 있는 사람들을 대상으로 프로그램이 시작되었다. 이러한 사례가 외국의 이야기일 뿐이라거나, 커다란 재해를 겪은 사람들에게만 해당하는 일이라고 생각하지 말자. 미술관 방문은 우리 마음에 새로운 문을 열어줄 것이다. 그러니, 망설이지 말고 시작해보자.

추천 미술관 리스트

3

관계 회복을
도와주는 미술

누구나 어려운
인간관계

사람은 타인과 의사소통하며 끊임없이 영향을 주고받는다. 가족이나 동료, 친구와의 관계는 물론 선후배, 상사, 지인을 비롯해 음식점이나 대중교통 등 삶의 다양한 장면에서 사람들과 만나며 관계를 형성한다.

우리가 맺는 대인관계는 삶의 즐거움과 행복의 원천이기도 하지만 동시에 스트레스와 고통의 원인이기도 하다. 관계를 잘 맺고 싶은 바람은 행복해지고 싶다는 말의 다른 표현일지도 모른다. 대인관계를 이해하고 마음의 힘을 튼튼하게 기르기 위해서, 앞서 1장과 2장에서 소개한 미술 치료 방법을 모두 적용할 수 있겠다. 기본적으로 내 마음이 건강하고 여유가 있으면 주변의 요구나 외부 침입에 조금 더 잘 대처할 수 있기 때문이다. 이번 3장에서는 미술을 통해 대인관계 능력을 키우는 작업을 하려한다.

H. Jue, 「관계를 생각하며」, 한지에 혼합재료

'관계 갈등'을 해결한다면서 작업은 혼자 한다니, 왠지 도피하는 것처럼 들리거나 문제 해결이 아니라고 느껴질지도 모르겠다. 사실 대인관계의 어려움을 해결하기 위해서는 관계 안으로 들어가야 한다. 하지만 그전에 마음의 지평을 넓히고 갈등을 소화할 수 있는 힘을 키우는 과정 또한 중요하다. 평정심을 회복하면, 관계를 맺는 능력과 이해의 폭이 넓어지게 된다. 그러고 나면 갈등에 대처하는 태도 역시 분명히 달라질 것이다.

3장에서는 주로 대상에 대한 사랑을 회복하는 데 초점을 맞추었다. 미움밖에 없는 대상이라 하더라도, 근원적인 힘은 사랑과 집착에서 비롯하기 때문이다. 가족 외 타인과의 관계에서 갈등이 심한 경우에도 가족을 주제로 미술 작업을 해보면 도움이 될 것이다. 모든 관계의 출발점과 원형은 가족이기 때문이다.

작업을 시작하기에 앞서 한 가지 당부를 드린다. 앞으로 살펴볼 '식물가족화' 작업처럼, 특정 주제를 작업할 때 자신의 마음에서 너무 미운 대상부터 시작하지는 말기를 바란다. 첫 출발이 너무 무거우면, 견디기가 어렵다. 좋아하는 상대를 떠올리며 작업하더라도 인간관계 능력은 충분히 좋아질 것이다. 처음에는 좋아하는 대상으로 시작해 차츰 그렇지 않은 대상으로 옮겨가며 작업하는 것이 좋다. 마음에는 상대방에 대한 경계가 불분명하기 때문에, 좋아하는 사람을 그리거나 표현하며 키운 마음의 힘은 어려운 상대를 대할 때에도 분명히 작용하게 된다.

**관계에서의 문제를 해소하기 위해 미술치료를 한다면,
다음에 제안하는 방식을 참고해보세요.**

첫째, 문제의 당사자들이 함께 커플치료나 가족치료를 받습니다. 서로를 그려주기도 하고, 공동으로 하나의 작품을 만들기도 하고, 번갈아 그리기도 합니다. 이제까지는 주로 말로 주고받던 상호작용 패턴을 다른 방식으로 점검해봅시다.

둘째, 힘들다고 호소하는 당사자 본인이 미술치료를 받습니다. 혼자 고민하고 앓던 문제를 다른 누군가와 함께 점검하면서 더 건강한 방식이 무엇인지 찾아가봅니다. 그때 미술치료는 심리적으로 안정을 돕고 조금 더 단단하고 강인하게 힘을 보태는 시간이 되어줄 것입니다.

셋째, 집단 미술치료 형태로 사람들과 만나 함께 작업하고 이야기를 나눕니다. 이는 자신의 대인관계를 새롭게 재조명해줍니다. 문제의 당사자와 함께 만나는 것은 아니더라도 대인관계 양식을 전반적으로 재점검할 수 있기 때문에 의미있는 작업이 됩니다.

이 책에서는 기본적으로 두번째 방식을 주로 다룹니다. 비록 치료사와 함께하는 것은 아니지만, 관계의 문제를 풀어갈 때 당사자가 자신의 마음을 먼저 단단하게 만들어가는 방식이지요.

다른 각도에서
바라보기

앞서 우울과 불안에 대처하는 장에서 자신에 대해 돌아보는 여러 가지 방법을 소개했다. 이번에는 상대방을 다른 각도에서 바라보는 연습을 해볼까 한다. 상대방과 적당한 거리를 두고 그의 새로운 면모를 발견하게 될 때 비로소 건강한 관계가 시작될 수 있기 때문이다.

가까운 가족과 갈등이 있다면, 그 문제를 해결해나가는 공통 키워드는 '가족으로부터 심리적 거리를 확보'하는 것이다. 가까운 사이일수록 서로가 개별 존재라는 점을 인정해야 관계를 회복할 수 있다. 부모―자식 간의 관계라면 심리적 거리 두기를 진정한 이유기(젖 떼는 시기) 혹은 심리적 독립이라는 말로 바꾸어 부를 수도 있다.

가족관계에서 두드러지는 특징은 서로를 바라볼 때 초기 기억이 유난히 오래 지속된다는 점이다. 부모는 자식이 성장해도 어린아이를 보듯 바라본다. 스무 살이 넘은 장성한 자식을 '우리 아기'라고 부르는 것 정도는 애정 어린 호칭이라 할 수 있다. 그렇지만 부모가 자식의 친구/연인 관계에 간섭한다든가, 자식의 문제를 대신 해결해주려 하고 나아가 삶의 방향까지 대신 결정하려 든다면 이는 심리적으로 자녀의 성장과 독립을 인정하지 않는 태도라고 볼 수 있다. 자녀 입장에서도 태어나서 처음 만난 어른이 부모였으니, 나이 든 부모를 보면서도 여전히 어른다울 것을 기대한다. 그러한 기대 때문에 종종 실망하거나 갈등을 겪는다면 이 역시 기억 속의 초두효과가 지속한다고 볼 수 있다.

이제 그러한 관점을 바꿀 수 있는 방법으로 상대를 다른 각도에서 바라보는 연습을 해보자. 단순히 상상하거나 이미지로 떠올리는 것만으로도 도움이 될 수 있겠지만, 구체적으로 그리는 편이 훨씬 더 효과가 있다. 특히 가족처럼 서로 깊이 밀착된 관계에서 갈등이 있는 경우에는 시간의 관점을 이동해볼 필요가 있다. 갈등이 심할 때는 상대를 이해하고 바라보는 시야가 좁아진다. 그러면서 상대가 바뀌지 않으니 해결책이 없다고 느낄 것이다. 그럴수록 시간의 차원을 이동해 관계를 들여다보자. 타임머신을 탔다고 생각하고 과거 혹은 미래로 옮겨 다니며, 관점의 변화를 시도해보자.

다양한 관점에서 상대를 바라보는 연습을 해봅시다.

❶ 자녀에게

부모의 어린 시절을 그려보세요. 주변 환경도 묘사해주세요. 부모에게 중요한 인물이거나 부모가 겪었던 사회적 상황도 함께 그려주세요. 들었던 이야기를 기반으로 하거나 상상해서 그리면 됩니다.

지금 내 나이의 부모를 그려주세요. 어떤 모습인가요?

❷ 부모에게

자녀의 10년 후 모습을 그려주세요. 30년 후의 모습을 그려주세요. 60년 후의 모습을 그려주세요.

❸ 연인이나 배우자에게

상대방의 행복한 모습을 그려주세요. 주변 환경이나 상황도 함께 묘사해주세요. 어떤 순간에 행복해하는지, 무엇으로 즐거워하는지 구체적으로 알고 있는 것을 묘사해도 좋고 상상한 것을 그려도 좋습니다.

(만약 자신과 함께 있는 상황을 묘사했다면) 상대방이 혼자 있을 때 행복한 모습을 그려주세요. 어떤 순간에 행복해하는지, 무엇으로 즐거워하는지 구체적으로 묘사해도 좋고 상상한 것을 그려도 좋습니다.

알면 알수록 넓어지는
이해의 폭

관계 갈등을 가만히 들여다보면, 서로에 대한 정보가 참 많이 부족하다는 사실을 알게 된다. 가족, 친구 혹은 직장 동료와 함께하는 시간이 길어지면 당연히 서로를 잘 알고 있다고 착각한다. 가끔은 서로의 존재가 너무나 당연해서 관계 점검을 해야 할 필요조차 느끼지 못한다. 그러다보니 서로에 대해 잘 모르는 부분이 있다는 것을 인정하기 어렵고, 상대에게 의견을 묻는 과정이 생략될 때가 있다.

가까운 관계에서 갈등이 생기는 것은 삶의 숙명과도 같다. 생각해보자. MBTI 검사를 해보면, 서로에 대해 불편하게 여겼던 점이 검사 결과에서도 드러난다는 사실에 한번 놀라고, 그러한 성격 차이가 유형으로 나눠진다는 것을 알고 나면 어쩐지 명쾌해지는 느낌을 받는다. 관계 갈등이 있는 경우, 그러한 검사는 적잖이 도움이 된다. 서로의 차이를 받아들이고 다름을 인정하는 의미에서 그렇다. '아, 이렇게 우리가 서로 달랐구나' 하고 놀라게 된다.

'내로남불'이라는 신조어가 있다. '내가 하면 로맨스, 남이 하면 불륜'이라는 말을 줄인 것으로, 똑같은 상황에서 자신과 타인을 다른 시선으로 바라보는 이중잣대를 말한다. 그런데, 이러한 '나는 옳고 남은 그르다'는 는 태도는 기본적으로 상황을 판단하는 정보의 양과 입장에 현격한 차이가 있기 때문에 생긴다. 섭섭한 일이 벌어졌을 때, 내가 만약 그런 행동을 했다면 그건 상황 탓이 되고 다른 사람의 행동은 그 사람 성격이나 의도 탓이 되는 것이다. 자신의 행동에 대해서는 그렇게 될 수밖에 없었던 상황이라든가, 당시 자신의 숱한 생각과 고민, 여러모로 얽힌 과거의 정황까지 다 알고 있으니 '그때 그 상황에서는 충분히 그럴 수 있었고 그럴 수밖에 없었어'라는 생각이 들게 마련이다. 하지만 상대방의 행동에 대해서는 어디 그러한가. 대부분 결과 정도만 듣고 판단할 뿐이다. 그래서 '내로남불'이 되는 것이다.

나는 사람들을 상담하면서 '우리가 서로를 알지 못해서 상대를 비난하구나' 하는 의문에 깊이 몰두했던 적이 있다. 그래서 신(神)이라는 존재는 어쩌면 인간과 다르게 각각의 사람들에 대해서 아주 많은 정보, 아주 깊고 세밀한 부분까지 속속들이 알고 있는 것이 아닐까 상상했다. 만약 어떤 사람의 행동 이면에 담긴 생각이라든가, 그 사람이 살아온 삶의 궤적, 그가 겪은 인생의 무게, 현재 마음의 흔들림 등을 모두 알고 이해한다면 그의 선택과 행동, 성격까지도 충분히 이해할 수 있을 것이다. 그리고 한 인간의 부족함이나 못남에 대해 쉽게 비난하지 못할 것이다.

미술은 논리나 판단에 근거한 앎이 아니라 직관과 상상을 통해서 도달하는 앎이다. 상대방을 알아가고 그 마음을 헤아려볼 수 있는 좋은 방법이 된다. 지금부터 상대방을 그리는 두 가지 방법을 소개한다. 만약 상대가 너무 싫고 밉다면 그 마음이 가라앉기를 잠시 기다렸다가 해보기를 추천한다.

첫번째 방법은 상대방의 초상화를 그리는 것이다. 모델을 앞에 두고 그려도 좋고, 혹은 사진을 보며 그려도 좋다. 찬찬히 깊게 들여다보기를, 마치 처음 만난 듯이 뚫어지게 바라보기를 권한다. 혹은 이번이 상대를 볼 수 있는 마지막 기회라도 되는 양 온 마음을 기울여서 바라보았으면 한다. 그렇게 바라보면서 그림으로 옮겨보자. (잘 그리고 못 그리고는 중요하지 않지만) 섬세하게 바라보는 만큼 그림으로 옮길 수 있는 부분이 더 풍부해지고 세밀한 묘사가 가능하다. 보이는 대로 사실적으로 하나하나 묘사할 수도 있고, 주요 특징을 중심으로 캐리커처 스타일로 그릴 수도 있다.

두번째 방법은 상대방에 대한 느낌을 추상화로 표현하는 것이다. 내가 느끼는 그 사람의 인상을 색깔로 표현한다면 무슨 색일까? 한 가지 색을 중점적으로 작업해도 좋고, 여러 가지를 색을 써도 좋다. 선으로 긋는다면 직선이 많을까, 곡선이 더 많을까? 넓은 종이를 사용하는 것이 그 사람과 어울릴까? 아니면 작은 종이가 더 적합할까? 종이의 중앙부터 시작할까, 가장자리나 한쪽 면부터 그려나갈까? 상대에 대한 자신의 느낌을 표현해보자.

그림을 그린다는 것은 내가 그리는 대상을 마음으로 품는 일이다. 자신에게 중요한 존재라면, 상대방의 초상화 혹은 추상화를 그려보며 그를 이해해보는 시간을 갖길 권한다.

식물
가족화

관계에서 문제가 생겼을 때 대뜸 따지거나 이유를 대거나 혹은 증거를 들이민다고 해서 해결되는 것은 아무것도 없다. 관계 갈등은 이성적인 판단이나 논리적인 생각 외에 다른 요소를 더 필요로 한다. 그 요소는 비非이성적이며 무의식과 본능에 가깝다. 상징을 사용한 그림이 이성과 비이성, 의식과 무의식, 사고와 본능을 연결해줄 수 있을 것이다.

상징을 사용해서 상대방의 초상화를 그려보자. 상징은 직관적인 것이다. 왜 상징을 사용했는지 설명할 수도 있겠지만, 실제 상징을 사용하게 되면 그러한 설명이나 논리의 범위를 뛰어넘는다. 상대를 떠올렸을 때 그 사람을 상징하는 어떤 것이 떠오른다면 일단 그려보자. 이는 직관과 상징을 신뢰하는 과정이다. 이 과정은 우리가 관계에서 막다른 길에 도달했을 때 문제를 풀어나가는 힘이 되어준다.

먼저, 식물로 상대방을 표현해보자. 나무나 풀, 꽃 등 모두 가능하다. 어느 마을에 가더라도 그 마을을 지켜주거나 혹은 마을을 대표하는 나무가 있는 것처럼 나무는 오랜 역사를 지닌 상징적 대상이다. 또한 나무는 영혼과 정신을 상징하며, 무심결에 그린 나무 그림이라 하더라도 그것을 그린 사람의 마음이 투영되는 경우가 많다.

 상대방을 생각해봅니다.

만약 상대를 나무라고 한다면 어떤 나무가 떠오르세요? 꽃이나 풀을 떠올려도 됩니다. 그것을 그려보세요. 여러 명을 떠올렸다면 한 사람씩 그와 닮은 나무를 종이에 그려주세요.

D씨는 딸과 사이가 좋지 않아서 불편하다고 했다. 그래서 딸을 나무에 비유해 작업해보기로 했다. 그가 그린 이미지는 선인장이었다. 비모란 선인장이라는 이름의 품종으로 윗부분이 붉은색인 게 독특했다. D씨는 그림을 그리면서 뾰족뾰족한 선인장 가시를 묘사하는데 유독 많은 시간을 할애했다. 그런데 노란색을 많이 사용해서 그런지 선인장 가시가 그렇게 날카로워 보이지 않았다. D씨는 자신이 "선인장을 끌어안으려 했던 것 같다"면서, "한 발짝 뒤로 물러서서 바라봐주는 자세가 필요한가 보다"라고 말했다. 부모 입장에서 자식 문제에 한 발 뒤로 물러서는 것만큼 어려운 일이 또 있을까. 그래도 자신이 떠올린 상징으로부터 마음의 방향을 찾았으니 변화할 수 있는 작은 계기가 될 것이다.

D씨, 「너는 마치 비모란선인장 같아」

미술치료를 할 때 일반적으로 동물화에 비해 식물화는 거의 시도하지 않는 편이다. 하지만 식물의 특성에서 건강한 관계 형성에 필요한 힌트를 얻을 수 있다. 꽃이 아름다워서 소유하고 싶다고 무작정 꺾어버린다면 그 꽃은 생명력을 잃게 된다. 관계도 마찬가지다. 상대를 소유하고 싶은 욕심에서 상대의 어떤 부분을 꺾어버리면 그 관계는 더이상 성장하지 못한다.

나무는 계절에 따라 극심한 환경의 변화를 견디며 자란다. 겨울에 잎이 다 떨어져 앙상해져도 다시 봄이 되면 새로운 싹이 돋는다. 잘린 밑동에서도 가지가 솟아오르고, 콘크리트 보도블록 틈에서도 풀이 자란다. 이처럼 식물의 생명력은 강인하다. 상대방을 생각하면서 떠올린 식물 그림을 통해 관계 회복을 위한 힌트와 더불어 새로운 방향으로 건강하게 성장할 수 있는 힘을 발견하길 바란다.

동물
가족화

상대방을 동물이라고 상상해보자. 상징을 사용하는 작업이므로 대상을 새로운 측면에서 바라보게 될 것이다. 자신과 상대방의 관계 특성도 앞의 식물 가족화 작업처럼 선택과 묘사를 통해 드러날 것이다.

 상대를 동물에 비유한다면 어떤 동물이 떠오르나요?

이제 그 동물을 그려보세요. 그림을 그릴 때 현실적인 묘사에 얽매일 필요는 없습니다. 실제 동물과 닮았는지, 동물의 특징을 살렸는지 신경 쓸 필요도 없습니다. 그저 머릿속에 그려지는 추상적인 생각과 느낌, 인상을 표현하면 됩니다.

J. Jue, 「커피를 좋아하는 강아지 머리의 인어」,
캔버스에 유채

만약 동물을 그리기가 어렵다면, 다음의 방법 중에서 선택해보자.

● 잡지 등에서 동물이 나온 페이지를 오려 종이에 붙인다. 배경은 직접 그
  려주자.

● 인터넷에서 동물 이미지를 검색해보자. 보고 따라 그릴 필요는 없지만,
  이미지를 찾는 데 참고자료로 쓸 수 있다.

● 실제 동물일 필요는 없다. 반인반수도 가능하고, 상상의 동물도 가능하
  다. 공룡처럼 이미 멸종한 동물을 그릴 수도 있다.

그 동물은 어떤 모습인가? 지금 어떤 상황인가? 이야기를 지어보자.
만약 동물이 말을 한다면 첫마디는 무엇일까? 동물 가족화는 그림을 만
든 사람이 창조하는 이야기가 중요하다. 그 이야기는 한 장면에 다 담길

J. Jue, 「숲속의 맹수―그런데 먹을 것이 없어」

수도 있고, 각각의 장면으로 따로 구성할 수도 있다. 마음이 투영되어 만들어진 동화는 완결되는 과정에서 나름의 회복력을 발휘한다. 당사자에게 이야기를 들려주지 않아도 충분히 의미 있다. 표현하는 것만으로도 마음을 죄는 부분이 사그라들기 때문이다. 물론 그림을 그린 사람이 원한다면, 상대방에게 동화를 들려주고 함께 이야기를 나누면서 뜻깊은 시간을 만들 수 있다.

돌멩이에 그린
그림

식물과 동물 그림이 상상의 나래로 이루어진 창조물이라면, 이번에는 실제 자연물을 이용해 무언가를 만들어보자. 자연물 위에 그림을 그리는 것은 새로운 시각을 더해준다. 나는 가족과 미술치료 작업을 할 때 돌멩이 위에 그림 그리는 것을 선호한다. 종이에 그리는 행위 자체에 겁먹는 가족 구성원도 돌멩이 위에 그리는 것은 다들 재미있어하고, 결과물을 곁에 둘 수 있기 때문이다.

돌멩이를 이용한 그림은 혼자서도 얼마든지 할 수 있고, 여러 명이 함께 작업하기에도 좋다. 특히 가족끼리 모여서 활동하기에도 유용하다. 돌멩이 크기는 적당히 작거나 크면 되는데, 작업했던 것 중 가장 큰 돌멩이는 손바닥 크기만 했다. 크레파스나 네임펜, 유성매직을 쓸 수 있고, 아크릴물감으로 작업할 수도 있다. 유채물감과 달리 아크릴물감은 물에

● 돌멩이 그림 작업

1. 돌멩이 작업 준비하기

2-1. 아크릴물감으로 칠하기

2-2. 튜브형 아크릴물감으로 그리기

2-3. 오일파스텔로 그리기

3. 완성된 돌멩이 그림

개어 사용하므로 처음 접하는 사람도 어렵지 않게 쓸 수 있다. (1장에서 설명했듯이 아크릴물감은 마르는 속도가 빠른 편이므로 붓을 사용한 뒤 바로 세척해두어야 한다. 세척하지 않고 물감이 묻은 채로 붓이 말라버리면 다음에 그 붓을 사용할 수 없게 된다.)

돌멩이 그림 작업에서의 포인트는 각자의 개성이 서로 다름을 눈으로 확인하는 것이다. 가족이라도 당연히 똑같을 수는 없다. 서로의 돌멩이 그림은 확연히 다르다. 그리고 그렇게 다른 돌멩이들이 함께 어우러져 조화를 이룬다. 상대방을 향해서, '네가 틀렸으니 나와 비슷해지길 바란다'는 요구는 아무런 의미가 없다. 다르다는 이유로 그 돌멩이를 없애기 시작하면, 이내 곧 휑해진다. 다르지만 서로의 차이를 인정하고 조화를 이루려고 노력하는 것이 돌멩이 작업을 통해 생각해볼 수 있는 관계의 모습이다.

자연물 작업
'행동'

돌멩이를 활용한 또다른 작업을 소개하려 한다. 형태를 만들어 사진을 찍은 뒤 결과물을 비교하며 의미를 찾아보는 작업이다.

예시 작품은 임신과 출산을 고민하던 여성이 만든 사람 형상으로, 흙길에서 돌멩이와 나뭇가지를 주워 사람 형태처럼 배치한 것이다. 그렇게 꾸민 뒤, 여성은 무언가 부족해 보인다며 작은 솔방울 하나를 가지고 와 그 사람의 품에 두었다. 그랬더니 형태가 가득 차 보이고 완전해졌다는 인상을 받았다고 한다. 임신과 출산에 대한 부담이 컸는데, 작품을 만들고 난 다음에는 자신이 그것을 간절하게 원하고 있고, 아이를 낳고 키울 준비가 되었다는 사실을 깨달았다고……

자녀를 임신하고 낳아서 기르는 것은 기대되고 설레는 일이지만 동시에 막중한 책임감을 느끼게 한다. '무엇을 해야만 한다'는 의무감에 짓눌

자연물을 이용해 배치한 사람 형태에 솔방울을 품어주었다.

려 겁이 나고 부담스럽기만 하다면, 그러한 생각과 자신의 선택에 대해
한번 정리해볼 필요가 있다. 이미지를 찾아가는 과정은 꼬리에 꼬리를 물
던 생각을 보다 직관적으로 가시화한다. 이는 자신의 바람을 비춰주는
역할을 해준다.

　사람은 누구나 자기 관심사에 대해 이야기한다. 그림 작업, 조형 작업
도 마찬가지다. 작업의 결과물은 자신의 관심사를 드러낸다. 마치 거울처
럼 마음을 확인하게 해준다. 그림까지 그리지 않더라도 자기 마음 상태
를 알아채는 경우는 많다. 하지만 상당히 고민이 되거나 마음이 복잡한
상황에서는 자신이 무엇을 원하는지 잘 들리지 않고 보이지 않아서 헷갈
리기 마련이다. 그럴 때 미술이 도움이 된다. 의도를 가지고 그림을 그리
든 별생각 없이 그리든, 그림을 그리는 과정 중에 '아, 표현을 이렇게 하면

수많은 돌 사이에서 만난 내 강아지

더 좋겠다' 싶을 때가 있을 것이다. 사실 그 방향은 그림이 알려주는 마음의 목소리다. 작업을 끝내고 보면 '아, 내가 이것을 원했구나' 하고 새삼 깨닫게 될 것이다.

앞서 보았듯 돌멩이를 배치하는 간단한 작업만으로도 자신에게 의미있는 이미지를 창조할 수 있다. 이미지를 만든 후에는 그것을 감상하면 된다. 감상 과정에서 어떤 느낌을 만나기도 하고 메시지가 와닿기도 한다. 만들고 나서 당장은 아무것도 떠오르지 않을 때도 있다. 그럴 때는 마음을 느긋하게 하고 시간을 두자. 며칠 혹은 몇 달 뒤에 다시 보면 이미지의 느낌과 메시지가 문득 떠오를 것이다.

자연물 작업
'표정'

언젠가 고민되는 일이 있어서 답답한 마음을 식히러 동네 뒷산에 올랐다. 나무 기둥이 눈에 들어오는데, 그 껍질이 사람 얼굴 같아 보였다. 사진을 찍어서 내려왔고, 편집 애플리케이션을 사용해 사진 위에 표정을 더해보았다. 작업한 나무 얼굴에서 지금은 연락하기 불편한 상대의 얼굴이 보였다. 이렇게 떠오를 정도로 마음에 짐이 된다면 차라리 직면하자 싶어서 그에게 연락했다.

우리가 외면하고 싶은 게 있더라도, 풀지 못한 과제처럼 남겨두지 말자. 반드시 마주봐야 하는 것이라면 어떤 식으로든 우리 눈앞에 펼쳐질 것이다. 하다못해 나무 기둥의 껍질을 통해서라도 떠오르게 된다. 그럴 때는 그 이미지를 무시하지 말고 존중하자.

길을 걷다가 무심코 들어온 자연의 모습을 사진에 담아보자. 강아지

나무 기둥의 모양이 눈에 띄었다.

편집 애플리케이션으로
사진 위에 그림을 그렸다.

모양을 닮은 구름, 웃고 있는 듯한 꽃봉오리 등 자연물이라면 무엇이든
좋다. 휴대폰으로 찍은 사진에 간단한 편집을 더해서 특정한 이미지를
만들어보자.

자연물
만다라

만다라Mandala는 고대 인도어인 산스크리트어로 '원'과 '중심'을 의미한다. 어원상으로는 '본질, 진수'를 뜻하는 만달Mandal과 '소유'를 의미하는 라La로 이루어진 단어로, '본질을 소유한 것' '본질을 담고 있는 것' '깨달음을 완성한 경지'를 뜻한다. 즉, 만다라는 중심과 본질을 얻어 마음속에 참됨을 갖는 것이다. 인간의 무의식에 지대한 관심을 가졌던 칼 융Carl Jung은 만다라의 영적, 우주적 의미를 발견하고, 심리학적 의미를 부여해 이를 치료 분야에 적용했다. 그는 만다라의 기본 형태인 원형圓形을 그리는 행위에서 무의식이 표현된다고 보고, 만다라가 인간의 내적 세계를 비춘다고 생각했다.

만다라 작업을 통해 자신의 내면으로 여행을 떠나보자. 만다라를 그리는 행위는 그 순간의 내가 어떠한지를 보여주는 과정이다. 만다라 작업을

재료를 모아서
펼쳐둔 모습

완성된 만다라

이 작업을 할 때 귤 껍질을 가지고 갔다. 사용한 재료는 귤 껍질, 노란 낙엽, 갈색 낙엽, 흰 돌, 나뭇가지 등이다. 중앙에서부터 쭉 배열한 뒤 완성하고 사진을 찍었다. 돌아올 때는 귤 껍질을 다시 챙겨 와서 집에서 버렸다. 산에서는 과일 껍질이나 씨를 함부로 버리지 말아야 한다. 잘 썩지 않을 뿐더러, 과일 껍질에는 잔류농약이나 방부제가 남아 있어서 야생동물이 껍질을 섭취하게 되면 호르몬 불균형을 일으킬 수 있다.

집에서도 간단하게 할 수 있다. 깻잎으로 만다라를 만들었는데, 앞면이 보이게 한 번, 뒷면이 보이게 한 번 깔아주었다. 당근이나 오이가 있다면 길게 썰어서 방사형으로 장식했을 것 같다.

하는 동안 자신의 내면이 표현된다는 사실만으로도 긴장이 완화된다.

자연물을 활용해 만다라를 꾸며보자. 바깥으로 나들이 갔을 때 잠시 짬을 낼 수 있다면 주변을 둘러보며 만다라 재료를 모아보자. 꽃을 꺾거나 잎을 떼지 않고 주변에 떨어진 것만 모아도 충분하다. 관심 있게 살펴보면 얼마든지 자연에서 아름답고 좋은 재료를 발견할 수 있다. 그렇게 재료를 모은 뒤 바닥에 펼쳐놓고 하나하나의 형태와 모양이 어떠한지 찬찬히 살펴보자. 이렇게 함으로써 앞으로 작업할 만다라 재료와 내가 관계를 맺는 것이다. 준비가 되었다면 하나씩 배치해보자. 방법은 간단하다. 중앙에서부터 시작해서 바깥으로 뻗어나가면서 반복되는 패턴으로 배치한다. 충분하다 싶을 때가 곧 완성 시점이다. 자신의 작품을 감상한 뒤, 사진으로 찍어 남긴다.

실로 표현하는
관계망

가늘고 긴 실은 그 자체로 '연결'이라는 키워드를 떠올리게 한다. 어쩌면 인연이라는 것은 눈에 보이지 않는 여러 겹의 실타래가 아닐까. 인因은 원인을 지칭하며, 연緣은 곧 인연이 닿는 길을 의미한다. 인이 충분하다 하더라도, 연이 닿지 않는다면 애초에 만날 수가 없다. 실 작업을 하면서 자신의 인연에 대해 되돌아보는 시간을 가져보자.

실을 사용해서 만드는 미술작품은 스트링 아트string art라고 부른다. 작업을 위해 작은 나무판자에 못을 박고 실을 감아서 완성시키는 DIY 키트를 구매하거나 직접 나무판자에 색을 칠해 스트링 아트 작업을 시작해보자. 기본적으로 방사상으로 뻗어나가면서 반복되는 형태를 만드는 경우가 많지만, 비정형적인 형태를 해보는 것도 재미있을 것이다. 만드는 방법은 다음과 같다.

1. 나무판에 아크릴을 칠한 뒤 못을 박았다.

2. 손 가는 대로 실을 걸었다.

3. 방사상으로 못을 박고 실을 걸었다.

❶ 나무판에 작은 못을 박는다. 흔들리지 않을. 정도의 깊이로만 박으면 되고, 못에 실이 감길 정도의 여유를 남겨둬야 한다.

❷ 자유로운 형태로 못을 박을 경우, 실을 걸었을 때 비대칭적인 모습이 된다.

❸ 규칙적인 패턴을 만들기 원한다면, 미리 못의 위치를 연필로 표시해두고 못을 박아야 한다.

실을 못에 한 번 걸면 얇고, 여러 번 반복해서 걸면 두껍게 표현된다. 시작과 끝은 매듭을 지어서 풀리지 않도록 하고 매듭 짓고 남은 실 부분은 가위로 잘라서 정리한다.

관계를 생각하면서 작업해보고 싶다면, 마음속에서 떠오르는 인연 혹은 느낌을 상징하는 실의 색깔을 각각 정해둔다. 예를 들어, 다음 일곱 가지 주제에 맞는 실 색깔을 정해보자.

- 고마운 사람
- 따뜻한 손길
- 어려웠던 시간
- 외로운 순간
- 버티는 힘

– 가족의 사랑

– 소중한 친구

이제 색색의 실을 엮어서 작품을 만들어보자. 작품이 완성되면 고마운 사람과 소중한 친구, 어려웠던 시간과 외로운 순간까지 모든 것이 모여서 하나의 장면을 빚어내고 있음을 보게 된다.

실로 만든 작품은 여러 색깔이 한데 어우러진 모습을 눈으로 확인하게 해준다. 우리의 경험은 행복으로만 가득 차 있지 않고 나쁜 일도 간혹 있으며, 좋지도 나쁘지도 않은 것도 더러 섞여 있다. 관계에서도 마찬가지다. 나를 좋아하는 사람이 있고 그렇지 않은 사람도 있다. 편안한 사람이 있으면 불편한 사람도 있다. 어느 한 부분만을 택할 수 없고, 싫은 부분은 없는 셈 치고 싶어도 그 부분만 쉽사리 도려낼 수 없다. 그 모든 것이 모여서 관계를 형성한다.

다양한 오브제
활용하기

못 없이 실만 사용해서 작업해보자. 못을 박고 실을 걸어서 탄탄하게 표현하는 실 작업도 있지만, 못 없이 느슨하게 표현할 수도 있다. 그리고 그렇게 만들어진 모습을 보면서 자신의 인생 경로를 되돌아볼 수 있다. '늘어뜨린 실이 향하는 곳은 어디인가' '뭉치거나 풀린 모습에서 연상되는 것은 무엇인가' '우리가 만들거나 만나는 인연은 언제 뭉쳤고 어떻게 풀렸던가' 작업을 하면서 스스로 질문해보자.

한 가지 재료만 사용해야 하는 것은 아니다. 실을 조금만 사용하고 비즈를 붙이거나 컬러 나무막대를 붙일 수도 있고, 한지를 곁들일 수도 있다. 다양한 오브제를 활용해 손이 가는 대로 표현해보자. 손으로 만든 작품은 때로 머릿속 생각을 시각적으로 명료하게 보여준다. 이러한 우연과 직관, 경험과 통찰에 대해 마음을 열어보자.

유리병 안의 털실이 나오면 어떤 모습이 될까? 　마음 가는 대로 배치한 털실과 컬러 나무막대

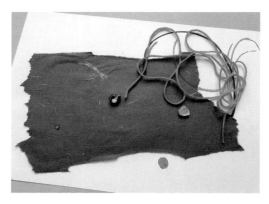

털실과 한지, 비즈로 인생 경로를 표현해보았다.

　캔버스 작업에 실을 고정하고 싶다면 시작과 끝 부분, 방향을 바꾸는 부분과 고정하고 싶은 부분에 바느질을 하면 된다. 글루건을 사용해 붙여도 좋다.

● 글루건 사용법

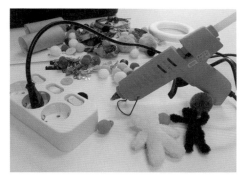

1. 글루건은 전기를 사용하는 접착 기구다. 글루건의 플러그를 꽂아두면 3~5분 정도 지났을 때 충분히 달궈져서 고체의 글루 스틱을 녹여 풀처럼 사용할 수 있다.

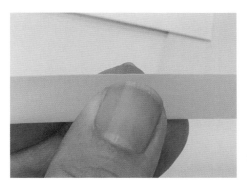

2. 흰색 글루 스틱은 둥근 원통형 막대기로 딱딱하다. 글루건 뒤쪽에 꽂아서 쓴다.

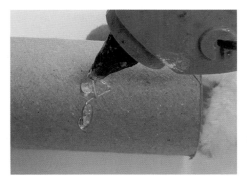

3. 총을 쏘듯 방아쇠를 당기면, 열에 녹은 접착제가 나온다. 상당히 뜨거우므로 화상을 입지 않도록 주의해서 사용해야 한다.

당신에게 주고 싶은
꽃 선물

'꽃피다'라는 동사는 말 그대로 작은 씨앗 하나가 꽃을 피우는 것을 이야기하기도 하고, 어떤 일이 발전하거나 번영할 때 비유적으로 쓰이기도 한다. 그래서 꽃이 피기까지의 일련의 긴 과정을 생각하면 누군가에게 꽃을 선물하는 일은 특별한 의미를 담는다. 이번에는 꽃을 만들어보자. 마찬가지로 실을 활용해보고자 한다. 조금 굵은 털실이 작업하기에 좋다.

만드는 방법은 다음과 같다. 먼저 실타래에서 실을 적당한 길이로 풀어 오른쪽 사진과 같이 묶음을 만든다. 너무 길다 싶으면 반으로 접어 가운데 부분을 실로 단단히 묶어 고정한다. 묶인 실의 양 끝은 반으로 잘라준다. 묶음 실의 길이가 고르게 되도록 다듬어줘도 좋다. 그다음에는 종이를 돌돌 말아 줄기 부분을 만든다. 종이의 속이 비지 않게끔 빽빽하게 말아준다. 이제 실뭉치의 중간 부분과 종이 심지를 겹쳐쥐고 녹색 실로

● 털실로 꽃 만들기

1. 적당한 길이로 실 묶음을 만든다.

2. 가운데 부분을 실로 묶어 고정한다.

3. 묶은 실을 아래로 모아 가지런히 정리한다.

4. 종이를 돌돌 말아 심지를 만들고 초록색 실을 묶는다.

5. 꽃과 줄기를 겹치게 하고 초록색 실로 단단하게 감아서 고정한다.

6. 아래쪽까지 다 감아준다.

7. 끝부분은 글루건으로 붙여서 완성한다.

8. 털실로 만든 꽃

감아준다. 단단하게 감아주면 따로 접착시키지 않아도 충분히 고정된다. 꽃봉오리는 털실 양을 조금 적게 해서 만드는 편이 다루기가 쉽다. 방법은 동일하고, 마지막에 꽃잎 위쪽 부분을 털실로 한번 묶어주면 된다.

꽃은 피기까지 오랜 시간이 필요하다. 꽃을 만드는 작업 또한 마찬가지다. 가령 제주의 수국을 보려면 매년 6월을 기다려야 하고, 부산의 동백을 보려면 12월을 기다려야 한다. 꽃이 없는 상태에서도 식물은 완벽한 생명체겠지만, 꽃이 주는 행복을 경험한 사람은 꽃이 피는 계절이 더할 나위 없이 기다려진다. 그 기다림을 떠올리면서 나 혹은 소중한 이에게 직접 만든 꽃을 선물해보자.

나는 어떤 가면을
쓰고 있나

관계에서 빼놓을 수 없는 이야기가 페르소나^{persona}다. 페르소나는 라틴어가 어원으로 원래는 무대에서 사용하는 가면을 뜻한다. 칼 융의 분석심리학에서 페르소나의 의미는 다른 사람에게 보이는 공적인 이미지로서의 모습을 말한다. 그 사람이 맡은 사회적인 역할이 곧 페르소나인 것이다. 조선시대 신분제 사회에서 양반, 상인, 중인, 천민 등의 계급도 일종의 페르소나라고 볼 수 있다. 현대사회에서는 직업의 종류가 곧 페르소나가 될 때가 많다. 전문직 종사자들은 자신의 직업이 자기 정체성이라고 느끼기도 한다. 자본주의사회에서는 소유한 자본의 크기가 그 사람의 페르소나를 만들기도 한다.

페르소나가 개인의 참다운 모습은 아니더라도, 이러한 가면은 사회생활에서 필요에 따라 쓰이게 된다. 어떤 면에서 보면 인생살이가 하나의

헨리 로버트 몰랜드, 「가면을 벗은 수녀」, 캔버스에 유채, 43.4×34.1cm, 1769년, 런던 리즈미술관

역할극 같을 때가 있다. 시간이 지나 극이 끝나면, 다른 역할을 맡아야 한다. 어느 역할을 맡을 것인지는 스스로 선택하기도 하지만 주변에 의해 결정되기도 하고, 혹은 그보다 더 큰 어떤 흐름 같은 것으로 인해 결정되기도 한다. 운명이라도 불러도 무방할지 모르겠다. 그러므로 가면과 자신을 동일시하지 말고, 자신이 쓴 가면을 내려놓고 쉴 수 있어야 한다.

마찬가지로 자신처럼 상대도 가면을 쓰고 있다는 사실을 인식하면 어떨까. 인간관계를 맺으면서 사람들에게 실망한다는 것은 상대방과 상대의 가면을 동일시하는 경우다. 그래서, '아니, 어떻게 알 만한 사람이 저런 일을 할 수 있지'라거나 '그 사람 그렇게 안 봤는데, 형편없는 인물이군'이라고 느낀다. 타인에게 실망을 했다면 내가 본 모습은 페르소나였음을 기억하자. 화려하고 완벽해 보이는 페르소나에 홀렸다고 해서, 가면을 쓴 그 사람 본연의 모습까지 미워하지 말자.

페르소나의 의미를 생각하면서 가면을 직접 만들어볼 수 있다. 미술치료에서 자주 사용하는 재료로 석고붕대가 있다. 석고붕대는 팔이나 다리가 골절됐을 때 사용하는 의료용품이다. 대형병원 근처 약국이나 의료기상사, 온라인으로도 쉽게 구매할 수 있다. 가격은 한 롤에 약 2000~3000원 정도로, 한 롤이면 충분히 얼굴 가면을 만들 수 있다. 석고붕대와 가위, 바세린(지성피부의 경우 사용하지 않아도 된다) 등이 필요하고, 그 외에 석고붕대를 잘라서 둘 넓은 쟁반이나 주변이 어지러워지지 않게끔 신문지나 비닐 등을 준비하자. 머리카락이 석고붕대에 섞여 들어가지 않게끔 머리핀도 준비하면 좋다. 눈을 뜬 경우에는 눈 주위를 남기고 석고붕대를 붙여 나가도록 한다.

완성된 가면을 꾸밀 때는 아크릴물감을 비롯해 오일파스텔, 사인펜

● 석고붕대로 가면 만들기

1. 석고붕대는 둘둘 말려 있다.

2. 적당한 크기로 자른다.

3. 미지근한 물에 적셔 사용한다.

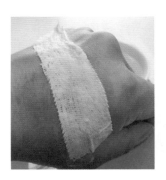

4. 석고붕대의 빈틈이 메워지도록 살살 문질러서 펴 바른다.

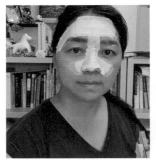

5. 얼굴에 붙일 때는 먼저 이마와 코를 중심으로 T자 형태로 붙인다.

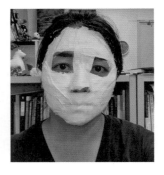

6. 최소 서너 겹을 덧대어 촘촘하게 붙인다.

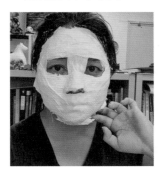

7. 5분 정도 경과하면 석고붕대가 마른다. 다 마른 석고붕대는 얼굴 아래쪽에서부터 천천히 떼어낸다.

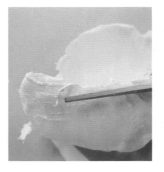

8. 가장자리는 가위로 정리한다.

9. 아크릴물감을 칠하고 완성한다.

등을 사용할 수 있다. 한지를 붙이거나 털실, 깃털, 폼폼이, 장식비즈 등 다양한 재료를 붙여 꾸미는 것도 재미있다. 가면 주변으로 머리카락을 그려도 좋겠다.

나는 너에게
어떤 사람인가

　이상적인 관계는 서로 의지가 되고 힘이 되어주며 믿음과 사랑을 나누는 것이다. 한쪽이 일방적으로 이익을 취하는 것이 아니라 서로 윈윈 win-win하는 관계다. 그런데 관계에서 모두가 만족스러운 게 어디 쉬운 일인가. 항상 내 쪽에서 더 많이 줬다고 느끼는 게 인지상정이다.

　자신은 상대에게 어떤 사람이 되고 싶은가. 상징적으로 그 모습을 떠올려보자. 구체적인 사물에 빗대어 볼 수도 있고, 추상적인 느낌으로 상상해볼 수도 있다. 그림을 통해 관계에 대해 생각해보는 것은 우리가 평소 덜 사용하는 우뇌의 기능을 활성화해준다. 이는 궁극적으로 관계의 성장을 도모한다.

P씨, 「서로가 서로에게 충분히 좋은 관계」

3D로 표현한
우리 두 사람

 중요한 대상과의 관계를 그림으로 그려보는 것은 서로의 기억에 남을 만한 이벤트다. 초상화를 그려주고 그림의 느낌을 함께 이야기하는 방법은 앞서 소개했다. 이번에는 입체적인 작품을 만들어보자. 점토를 사용해서 만들 수도 있고, 폼폼이나 색모루, 플레이콘 등의 재료를 사용해서 만들 수도 있다. 예시 이미지는 눈사람 모양의 스티로폼에 폼폼이를 붙여 작업한 것이다. 글루건을 사용해 붙였는데, 양면테이프로 붙여도 된다. 다 붙인 뒤, 색모루를 적당히 잘라서 손을 만들어주고 폼폼이 아래의 스티로폼에 찔러넣어 고정했다.

 미술재료로 출시된 스티로폼은 그 종류가 다양하다. 동그란 모양의 스티로폼은 작은 것부터 큰 것까지 크기도 다양하고, 그밖에 둥근 도넛 형태, 눈사람 형태의 스티로폼도 있다.

J. Jue, 「아, 정말이야. 내 말 좀 들어봐봐」

 스티로폼과 폼폼이 등 다양한 재료를 이용해 상대방과 내 모습을 표현해보세요.

기다림이
필요해

관계를 풀어나가기 위해서는 어떤 마음이 필요할까? 저마다 중요하다고 여기는 마음의 속성은 다를 것이다. 대체로 많은 사람들이 공감하는 특징은 다음과 같은 것들이다.

기다림, 품어줌, 이해, 공감, 지지, 믿음, 일관성, 책임감

이 중에서 '기다림'을 주제로 작업해보자. 인간관계에서는 기다림의 덕목이 참 중요하다. 어쩌면 무언가를 기다린다는 것은 바쁜 현대인에게 꽤나 낯설고 어색하게 느껴질지도 모르겠다. 그리 멀지 않은 과거에만 하더라도 편지를 써서 부치고 답장을 기다리는 일은 흔했다. 정말 급한 일이면 우체국에 가서 전보를 치기도 했다. 그런데 지금은 스마트폰을 늘 쥐고 다니면서 시도 때도 없이 메신저를 사용한다. 전송하자마자 상대가

J. Jue, 「기다림」, 캔버스에 유채

읽기를 기대하고, 상대가 메시지를 읽었는지 여부도 쉽게 확인 가능하다. 그런 편리함과 기다림을 연습할 기회를 맞바꾼 것은 아닐까.

 기다림을 이미지로 떠올려보세요. 어떤 이미지가 보이나요?

떠오른 이미지를 작업해보겠습니다. 그림으로 그리든 조형물로 작업하든, 혹은 그 둘을 모두 활용해도 좋습니다.

수채화를
그려봅시다

건강한 인간관계를 위해서 어떤 미술 작업을 해보면 좋을까? 앞서 살펴본, 시간을 기다리는 유화 작업과 선명한 색감을 나타내는 아크릴화 작업도 좋지만, 이번에는 수채화 작업을 권하고 싶다. 수채화는 익숙하지만 어렵게 느껴질 때가 많다. 잘하고 싶다는 마음과 달리 엉뚱한 방향으로 진행되기도 한다는 점에서 인간관계와 비슷하다. 더구나 수채화는 번짐의 미학을 지닌 미술 매체가 아닌가! 내가 던진 말의 파장이 있고, 상대가 던진 말의 파장도 있듯이 인간관계도 수채화처럼 서로 영향을 주고받는다.

수채화는 유화나 아크릴화와 달리 학창시절 미술 시간에 작업해본 경험이 있을 것이다. 그런데 이 책에서 소개하고 싶은 수채화 작업은 학창시절에 그리던 풍경화나 정물화는 아니다. 관계를 생각하며 작업하는 수채

화이다. 이 작업을 할 때는 무엇보다 색깔
과 물 번짐만을 깊이 경험하면 좋겠다.

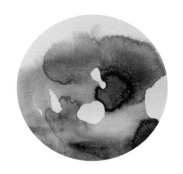

wet in wet 기법의 예

추천하는 수채화 작업은 다음과 같
다. 첫째, 물 위에 다시 물을 더하는
방법인 'wet in wet'이다. 종이에 물
을 먼저 바른 뒤, 젖은 종이 위에 수채물
감을 칠하거나 떨어뜨리는 기법이다. 종이가
물을 머금고 있으므로 번지는 효과를 최대한 끌어낼 수 있다. 물을 넉넉
하게 바른다는 느낌으로 밑작업을 하자. 평평하고 납작한 빽붓으로 물을
칠해도 되고, 스펀지로 꾹꾹 눌러가며 종이에 빈틈없이 물을 입혀줘도
된다. 수도가 가까이 있다면 흐르는 물을 곧장 종이 위에 흘려도 된다.

종이가 전부 젖었는가? 자, 이제 마음에 드는 색을 붓에 묻히고 젖은
종이 위에 칠해보자. 칠하는 색은 좀 진한 편이 좋다. 종이 위에서 물감
을 칠한 부분이 점차 넓게 번져나갈 것이다. 어디까지 번질까? 천천히 번
지는 모습을 바라보는 것도 재미있다. 인간관계에서도 우리가 무엇을 했
을 때 그 영향력이 충분해지기까지 조바심을 내지 않고 긴 호흡으로 기
다리는 자세가 필요하다.

종이 전체에 물을 칠한 뒤 번지는 효과를 보는 것도 재미있지만 종이
일부분만 물로 적시고 변화를 관찰하는 것도 흥미롭다. 예를 들어 종이
위에 물로 하트를 그려보자. 하트 안쪽까지 전부 물을 칠해둔다. 그 위에
물감을 떨어뜨리면 물감이 하트 모양까지만 번지는 모습을 볼 수 있다.

특정한 모양을 만드는 대신 붓으로 종이 절반에만 물을 칠해보자. 이
작업의 포인트는 수채화가 풍경이나 정물을 그리는 사실적인 묘사라는

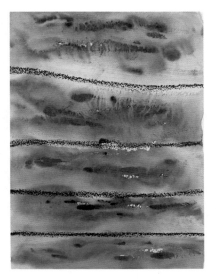

H. Jue, 「무제」, 한지에 혼합재료

고정관념에서 벗어나 물과 색의 번짐을 바라보며 즐기는 데 있다. 색에 집중하는 시간이자 '퍼져나감'의 의미를 되새길 수 있다.

자, 이제 단순히 색이 번져나가기를 기다리기보다 적극적으로 뭔가 해 보고 싶지 않은가. 물을 흠뻑 머금은 진한 물감을 떨어뜨린 뒤 입으로 후후 불어보자. 물감이 밀려가면서 재미있는 모양으로 변화할 것이다. (초등학교 시절 물감 불기를 했던 기억이 날지도 모르겠다. 아마도 빨대를 사용해서 물감 불기를 했을 수 있다. 성인이 된 후에도 감각에 새롭고 재미있는 자극이 필요하다.)

종이 위에 물감을 떨어뜨리거나 흩뿌리기도 시도해볼 수 있다. 물기가 적은 상태의 붓에 물감을 찍은 뒤 손가락으로 붓을 살짝 튕겨준다. 사용하지 않는 칫솔로 물감을 묻혀 튕겨도 된다.

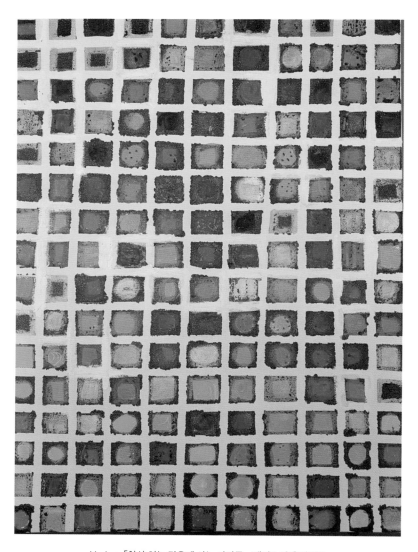

H. Jue, 「창살 없는 감옥에 사는 사람들」, 캔버스에 혼합재료

두번째로 소개하는 수채화 작업은 종이 위에 소금을 뿌리는 것이다. 물 먹은 수채물감과 소금이 만나면 소금이 주변의 물을 머금는 삼투압 작용으로 인해 재미있는 효과가 나타난다. 방법은 간단하다. 종이에 물칠을 하고 색을 진하게 칠한 다음, 물감이 마르기 전에 소금을 뿌린다. 소금 주변으로 점점 눈꽃 같은 무늬가 만들어지는데, 물감이 다 마른 다음 남은 소금을 털어내면 된다. 소금의 양과 크기, 물 조절 정도에 따라 다양한 모양이 나온다.

세번째, 물과 기름이 섞이지 않는 성질을 이용한 방법도 있다. 크레용으로 그림을 그려두고 그 위에 물감을 쭉 펴 바르면, 크레용을 칠한 부위만 수채물감이 스며들지 않는다. 유분기가 있는 오일파스텔, 양초 같은 재료로 형태를 그린 뒤 수채물감을 덧칠하는 방법도 있다.

아예 접착테이프를 붙여두고 수채화를 그릴 수도 있다. 원리는 비슷하다. 접착테이프를 붙여둔 곳의 아랫부분 종이는 물감이 묻지 않는다. 나중에 떼어내기 쉽도록 마스킹테이프를 쓰면 좋다. 마스킹테이프가 없다면, 반투명 접착테이프를 붙여도 괜찮다. 마스킹테이프는 직선을 표현하거나 가장자리를 깔끔하게 처리하고 싶을 때 유용하다. 종이의 가장자리에만 마스킹테이프 처리를 하고 그림을 그린 뒤, 테이프를 떼어내면 마치 액자를 씌운 듯한 효과를 얻을 수 있다.

직선 형태면 마스킹테이프를 쓸 수 있지만 복잡한 형태이면 어떻게 해야 할까? 그때는 마스킹 플루이드를 사용하면 된다. 마스킹 플루이드는 투명하거나 연한 회색의 액체로, 수채화 작업하기 전에 미리 종이에 칠해두면 그 부분은 물감을 먹지 않는다. 물감이 완전히 마르고 난 다음에 손으로 살살 떼어내거나 지우개로 지우면 마스킹 플루이드가

황목에 그린 수채화

벗겨진다.

　이제 수채화 종이에 대해 알아보자. 수채화 종이는 물을 머금는 것이 중요하기 때문에 너무 얇으면 안 된다. 학창시절까지 가장 대중적으로 사용한 종이는 켄트지다. 켄트지는 표면이 매끄럽게 처리되어 있고 비교적 가볍다. 사실 켄트지는 물을 잘 머금지 못해서 종이가 울거나 일어나는 경우가 많은데, 만약 켄트지를 수채화에 사용한다면, 종이의 두께가 최소 200~220그램 정도 되어야 하고 그 이상이면 더 좋다.

　수채화 용지는 면 또는 펄프로 만든다. 종이 원료를 표시할 때 면이 몇 퍼센트가 포함되었는지 표시하는데, 면 함유량이 높을수록 수채화를 그리기가 더 좋다. 면 함유량 100퍼센트인 종이는 가격이 더 비싸다.

수채화 용지는 두께나 표면의 거친 정도에 따라 느낌이 달라질 수 있다. 종이의 압축 정도와 그에 따른 표면 결에 따라서 '세목hot press' '중목 cold press' '황목rough' 등으로 구분된다. (종이를 구입할 때 수입 용지가 많으므로 영어로도 용어를 알아두자.) 표면이 매끄럽다면 세목이고, 올록볼록하게 도드라진 결이 있다면 중목이다. 표면 결이 가장 거칠고 요철이 느껴지는 종이는 황목이다. 대체로 중목 정도면 표면 결이 살아 있는 수채화를 그릴 수 있다. 황목의 경우에는 질감이 거칠고 울퉁불퉁해서 한 가지 색만 칠해도 질감이 도드라진다. 전문가용 수채화 용지로 와트만whatman 이나 아르쉬arches를 들 수 있다. 파브리아노fabriano 의 아티스티코artistico 지도 사랑받는 수채화 용지다.

물감을 짠 팔레트와 붓이 주는
설렘이 전달되기를.

관계 회복에
도움을 주는 명화

　인간관계에 지쳤다면 일반적으로 명화라 칭송하는 과거의 작품보다는 동시대 작가들의 작품을 감상했으면 한다. 20세기 이전의 작품은 예술작품으로서 감동은 크지만 현재 우리의 삶과 심리적으로 거리감이 있다. 미켈란젤로의 「천지창조」 앞에서는 장엄함과 경외심을 가지게 되지만, 내 삶에 직접적으로 와닿지는 않는다. 그에 비해 현재 활발하게 활동하는 작가들의 작품과는 심리적인 거리가 비교적 가깝게 느껴진다. 동시대에 살면서 비슷한 경험을 하고 공감하는 삶의 부분들이 있기 때문이다.

　예술가는 자신의 경험이나 생각을 독창적인 표현을 통해 완전히 새로운 세계로 구현한다. 특히 동시대 작가들의 작품에는 우리의 고민과 감정이 맞닿는 공통분모가 있다. 그러므로 이들의 미술작품을 감상하는 것은 우리가 삶을 바라보는 데 또다른 관점을 더해주며, 결과적으로 인간이해의 지평을 넓혀준다.

동시대 작가들의 작품 중에는 설치미술과 개념미술이라는 두 가지 키워드가 존재한다. 설치미술은 공간의 구성이나 작품 제시 방식이 틀에 박히지 않고 완전히 새롭다. 작품이 존재하는 공간 전체가 하나의 거대한 작품이 되므로, 회화라든가 조형작품이라는 경계를 넘나든다. 말하자면, 전혀 새로운 공간을 창출하는 것이다. 그래서 관람자는 작가가 창조한 설치미술의 세계에서 '이건 뭐지?'라는 의문과 낯섦을 만나곤 한다. 우리가 알고 있는 지식이나 잣대로 파악되지 않는 생소한 감정과 체험을 겪게 되는 것이다. 이해할 수 없을 듯하면서도 낯설기에 새로운 감흥을 느낄 수 있는 미술. 그것이 바로 설치미술이다.

설치미술 작품을 가장 쉽게 만날 수 있는 곳은 실험적인 작품이 전시되는 비엔날레다. 기회가 닿는다면 비엔날레에 가서 다양한 작품을 만나 기묘하고 생경한 순간을 경험하기 바란다. 삶의 자락은 이토록 다양하고 다른 모습으로 존재하는데, 나는 누구이며 무엇에 지쳤는가. 그렇게 돌아볼 숨구멍 하나쯤 틔워서 오게 되지 않을까.

내가 보았던 설치미술 중에서 가장 기억에 남는 작품은 프랑스 예술가 셀레스트 부르지에 무주노Céleste Boursier-Mougenot, 1961~ 의 2012년 작품 「클리나멘Clinamen」이다. 구글이나 유튜브에서 작가명 또는 작품명을 검색하면 작품 사진과 동영상을 볼 수 있는데, 특히 영상으로 소리를 들으며 시청할 것을 추천한다. 「클리나멘」은 파스텔톤의 밝은 파랑으로 칠한 바다의 원형 풀pool에 수십 개의 도자기 그릇이 떠 있는 작품으로, 물 순환 장치가 있어 그릇은 끊임없이 움직이며 서로 부딪힌다. 이때 그릇끼리 부딪히며 매우 맑은 소리를 내는데, 그릇의 크기에 따라 음

**셀레스트 부르지에 무주노,
「클리나멘」,
2012년**

의 높낮이가 다르다. 이 작품은 유럽과 호주, 미국 등을 순회하며 전시되었다. 소리가 나는 특징 때문에 사운드 스컬프처sound sculpture라고 부르기도 한다. 나는 이 작품을 보면서 운명의 흐름과 부딪힘, 서로 다른 소리를 내지만 결국은 닮은 삶의 모양과 방향 등이 떠올랐었다.

개념미술도 현대미술에서 혁신적 흐름으로 존재한다. 개념미술의 선구자, 마르셀 뒤샹이 소변기에 'fountain(샘)'이라고 적고 그것을 전시한 이후, '미술은 무엇인가'에 대한 경계는 확장되었거나 혹은 아예 사라졌다고 봐도 무방하다. 경계가 사라진 세계에서는 새로운 공간을 창조할 수밖에 없다. 작가는 기교나 기술에 얽매이지 않고 자신의 아이디어, 메시지, 의미를 담은 새로운 세상을 연다. 사진이나 사물, 문서, 행위예술은 물론 다양한 형식의 개념미술 작품이 끊임없이 만들어지고 있다.

추천하고 싶은 개념미술 작품은 데이미언 허스트Damien Hirst, 1965~의 「돼지가 날 수도 있다Pigs Might Fly」와 「사랑의 역설Love's Paradox」이다. 두 작품 모두 인간관계를 향해 냉철한 시사점을 던진다. 전자는 돼지에게 선입견을 갖지 말라고 얘기하는 것만 같다. 그리고 후자는, 어느 하나를 포기하지 않는다면 박제된 생명 같은 관계가 될 거라고 말하는 듯하다. 두 작품 모두 관계의 본질에 대해 묻고 있다.

**데이미언 허스트,
「돼지가 날 수도 있다」,
2008년**

**데이미언 허스트,
「사랑의 역설」,
2007년**

중국의 설치미술 작가 장후안Zhang Huan, 1965~의 「소가죽의 부처 얼굴Cowskin Buddha Face」과 순례자들이 가지고 다니는 향의 재로 만든 「재의 예수Ash Jesus」도 추천한다. 이 작품들을 보며 삶의 아이러니를 진지하게 고민해볼 수 있을 것이다. 마지막으로 덧붙이자면, 대형 작품일수록 직접 보기를 권한다. 작품을 실제로 마주하며 그 스케일에 압도되는 경험을 할 수 있기 때문이다. 그런 의미에서 제주 아라리오뮤지엄 탑동시네마를 방문하게 된다면, 장후안의 100마리가 넘는 소의 가죽으로 만든 거대한 인물 조형물 「영웅 no.2」도 감상해보길 바란다.

**장후안,
「소가죽의 부처 얼굴」,
2007년**

**장후안,
「재의 예수」,
2011년**

4

———

성숙과 행복을
지향하는 미술

행복에는
품위가 있어야 한다

지금까지 우울과 불안, 관계 갈등을 조절하는 미술 작업을 살펴보았다. 사회생활, 인간관계 등 인생에서 겪는 고민은 그 종류가 개개인의 수만큼 다양하다. 누구나 약간의 불안과 고민을 안고 살아간다고 봐도 무방할 것이다. 어쩌면 여러분 중에는 그 때문에 상담이나 심리치료를 받아본 경험이 있을지 모르겠다.

상담 과정은 자신의 감정을 솔직하게 드러내고 자신의 상황을 이해받는 경험이다. 스스로 문제를 토로하는 과정은 있는 그대로의 자기자신을 수용하게 돕는다. 이는 곧 삶을 깊이 있게 마주하게 하며, 성장과 성숙의 시간으로 이끌어준다. 성장과 성숙은 심리적인 문제를 해결하는 매우 중요한 열쇠다. 성숙이란 한 사람의 마음의 경계가 확장되면서 상대를 품어줄 수 있는 역량이 커지는 상태다. 그래서 마음의

H. Jue, 「성장하는 나무」, 한지에 혼합재료

평화와 성숙을 따로 떼어놓고 생각하기 어렵다. 이는 곧 행복과도 직결된다. 우울이나 불안에서 벗어나서 우리가 마음의 안식처로 삼고 나아가야 할 지점은 성장과 성숙, 그리고 행복이다. 마찬가지로 관계 갈등을 해소하며 나아갈 방향 역시 성숙과 행복이라 볼 수 있다.

생명을 가지고 존재하는 모든 것은 성장하려는 본능이 있다. 가지를 뻗으며 하늘을 향해 자라는 나무도, 갓 태어나 아직 눈도 뜨지 못한 어린 동물도 모두 성장 본능이 있다. 의식하거나 의도하지 않아도 어떤 흐름을 따라 자라는 것이 성장이며 그것은 곧 본능이다. 그런데 성숙은 약간 다르다. 본능을 포함하면서도 선택과 의지가 개입되는 영역이라 할 수 있다.

성숙은 고난을 버티는 힘과 마음 다스리기를 연습하는 과정이다. 그래서 성장처럼 자연스럽게 이루어진다기보다는 노력과 정성을 들여 조금씩 완성해가는 것이다. 간혹 성숙의 과정이 본능을 거스르는 일로 느껴질 때가 있다. 인생의 후반전에 들어서면 삶을 넓고 먼 시각으로 바라보는 힘이 더 생긴다던데, 말처럼 저절로 생기는 것 같지는 않기 때문이다. 그럼에도 어느 한고비를 넘고 나면, '그래, 성숙은 모든 존재의 본능이지'라는 말에 동의하게 된다. 그 방향으로 나아가는 길이 아득하게 느껴지기도 하지만 인생의 걸음마다 삶의 진정한 의미를 깨닫게 된다. 마치 강물을 거슬러 올라가는 일이 연어에게 주어진 가혹한 운명처럼 보이지만 그 자체가 연어의 참된 삶이듯 말이다.

보경 스님의 『어느 날 고양이가 내게로 왔다』(불광출판사, 2017)에서 "행복에는 품위가 있어야 한다"는 글을 읽은 적이 있다. 행복에 품위가 있어야 한다니……. 그것이야말로 성숙해야 하는 충분한 이유가 아닐까. 요즘은 세상이 흉흉해서 뉴스 보기가 겁날 때가 많다. 가끔은 험한 세상에서 개개인이 성숙과 성장을 향해 노력한다는 건 무슨 의미일까 싶기도 하다. 하지만 모두가 성숙해지는 것을 포기한다면 세상은 미성숙한 사회가 될 수밖에 없다.

성숙은 멀지 않은 곳에 있다. 자신의 자리에서 묵묵히 책임을 다하고, 사고방식과 감정이 나와 다른 사람을 포용하며, 뿌리 깊은 혐오와 차별을 거두는 길로 한 걸음씩 나아가는 과정이 곧 성숙이다. 그러한 성숙이 사회의 근간을 이루게 될 때 행복의 가치도 커질 것이라 믿는다.

가슴에 품은
빛

우리 모두에게는 가슴에 품은 빛이 있다. 그것은 소박한 바람일 수도, 헛된 기대일 수도 있지만, 그 작은 희망 덕분에 저마다 오늘을 살아갈 용기를 얻는다.

이제 그 빛을 이미지로 그리자. 먼저 자신의 상반신을 그려보자. 무채색 모노톤으로 그려도 되고, 지금 느끼는 감정을 강렬한 색으로 표현해 그려도 된다. 자화상을 그릴 때 상반신의 중앙은 비워두자. 이제 비워둔 중앙에 빛을 담아보자. 빛이 밝은색이어야만 한다는 고정관념을 내려놓으면, 여러 가지 색으로 표현할 수 있다. 가장 밝은 별은 노랑이나 흰색이 아니라 청백색 또는 파란색을 띤다고 하지 않는가. 빨간색 별도 있고 주황색 별도 있으니, 마음에 품은 빛도 자유롭게 그려보기를 바란다.

J. Jue, 「내 가슴에서 빛이 밝혀지기를」, 종이에 파스텔과 색연필

회갈색 도화지에 오일파스텔과 유성 색연필로 가슴에 둥근 형태의 빛을 품고 있는 모습을 그렸다. 누구나 빛으로 표현되는 생명력을 가지고 태어난다는 사실을 기억하자.

기다림의
시간

원하는 바를 이루기 위해 한 걸음 내디뎠을 때, 그것을 금방 성취하는 경우는 거의 없다. 기술을 익히는 과정도 고된 수련을 거쳐야 하고, 업무에 익숙해지기까지도 시간이 필요할지언데 하물며 마음의 변화, 본질적 변화가 어찌 시간의 기다림을 건너뛸 수 있겠는가. 시간이 우리를 가르치도록 충분히 인내하고 기다리고 또 기다려야 한다.

1만 시간의 법칙이 한 분야의 전문가를 만든다면, 성숙과 행복을 이루어가는 일은 어쩌면 우리의 인생 전부를 걸어야 하는지도 모르겠다. 일생이 걸린다고 하더라도 한번씩 자신의 성장을 음미할 수 있는 순간들이 찾아올 것이다. 그런 순간이 동력이 되어 포기하지 않고 꾸준히 나아갈 수 있기를 바랄 뿐이다. 마치 높은 산을 오르는 도중에 한번씩 조망이 열리는 지점을 만나고, 그곳에서 지나온 길과 앞으로

오빠의 작업실에 숱하게 쌓인 작품들을 보고 있자니, 그림에 익숙해진다는 것은 시간을 인내하고 기다리는 연습이라고 느껴졌다.

갈 길을 바라보고 나면 다시 발걸음을 씩씩하게 뗄 수 있는 것처럼 말이다.

『어린 왕자』에서 여우는 왕자에게 기다림의 행복에 대해 이야기한다. 여우의 기다림은 절망 속에서도 희망을 놓지 않게 하는 힘을 전달해준다. 그리고 기다림의 진정한 본질이 행복에 있음을 발견하게 한다. 살아가면서 우리는 누군가를, 무엇인가를 애타게 기다리고 있는 것은 아닐까. 기다림의 자세를 배울 때, 마음속 희망도 움트게 되지 않을까.

존재에 대한
사랑

    나와 직접적으로 맞닿아 있지는 않지만 어떤 존재에 대해 안타까워한 적이 있을 것이다. 멸종 위기의 동물이라든가, 환경오염으로 신음하는 동물의 이야기를 듣고 마음 아팠던 경험처럼 말이다. 이같은 존재에 대한 사랑은 우리 안의 마음이 더 넓어질 수 있다는 증거다. 만약 주변 사람에게 여전히 스트레스를 많이 받는 상황이라면, 미술 작업에서 사람을 대상으로 삼기보다는 종種이 다른 대상을 선택하자.

    예시 이미지는 멸종 위기에 처한 고래가 해변에서 사체로 발견되었다는 뉴스를 듣고 작업한 결과물이다. 고래 사체를 부검했더니 위장에 비닐과 같은 해양 쓰레기가 가득 있었다고 한다. 갈수록 심해지는 환경오염 문제는 우리 모두가 심각하게 인지하고 풀어나가야 할 숙제일 것이다.

푸른 바다의 고래

다른 존재를 사랑하는 마음은, 결국 우리 자신에게 돌아온다. 자신을 사랑하기 어려울 때는 다른 대상을 아끼고 소중하게 대하는 것으로 마음을 회복해갈 수 있다. 타인 혹은 다른 대상을 소중하게 여기지 않고, 학대하거나 소홀히 하는 것은 공격적인 성향이 있다고 볼 수 있다. 이러한 공격성은 언제든 더 많은 대상으로 번져나갈 수 있어서 위험하다. 공격성을 조절하려면 생명을 소중히 대할 수 있는 마음을 키워야 한다. 그리고 그것은 생명을 가진 모든 것을 존중하는 마음에서 시작한다.

자연물로 만든
하트

이번에는 자연물을 배치해서 하트를 만들어보자. 자연물을 사용할 때에는 절대 살아 있는 것을 꺾거나 해치지 않아야 한다. 떨어진 것을 주워서 배치를 다르게 하면 충분히 좋은 작품을 만들 수 있다.

동그라미와 네모를 제외하면 아마도 가장 많이 만드는 형태는 하트일 것이다. 장맛비에 떨어진 무궁화 꽃봉오리를 모아 하트 모양을 만들어보았다. 하나씩 떨어져 있을 때는 평범한 낙화였는데, 모아놓고 보니 꽃다발처럼 예쁜 하트가 되었다.

날개를 펴고
춤추듯이

그리스신화에서 사랑의 신 에로스의 연인으로 등장하는 프시케의 형상은 종종 나비로 표현되는데, 프시케는 그리스어로 영혼, 정신, 그리고 나비를 의미한다. '호접지몽胡蝶之夢'이라는 고사성어에도 나비가 등장한다. 호접지몽은 장자가 나비가 되어 훨훨 날아다니는 꿈을 꾼 데서 유래한 말로, 꿈이 현실인지 현실이 꿈인지 구별하기 어려운 물아일체를 빗대는 말로 쓰였다. 즉 인간의 실체에 대한 근원적인 고찰을 꿈속의 나비에 비유해 이야기한 것이다. 이처럼 나비는 동서양을 막론하고 다양한 작품에서 영혼과 정신을 상징한다.

애벌레에서 번데기 상태를 거쳐서 성충이 되는 나비는 완전 탈바꿈을 하기 때문에 변화를 상징하기도 한다. 겉보기에는 움직임이 없는 번데기 과정은 완전한 나비가 되기 전의 마지막 관문이다. 삶의 흔적이나 성장의 증거는 겉으로 드러나지 않는다. 번데기 과정 이후의 나비는 전혀 다른 형태다. 날개를 펴고 날아다니는, 우리가 알고 있는 모습의 나비가 되는 것이다. '나비'라는 이름도 '나불나불 날아다닌다' 하여 불리게 되었다고 한다. 날개를 펴고 가볍게 춤추듯 날아다니는 나비처럼, 이제 우리 마음속의 나비를 마주해보자.

 우리 각자에게 나비가 있다면, 당신의 나비는 어떤 모습인가요?

지금 그 나비는 애벌레인가요, 번데기인가요, 아니면 번데기에서 나와서 날아다니고 있나요? 자신의 나비를 표현해보세요. 자신이 바라는 모습의 나비로 빗대어 표현해도 좋습니다. 한 마리만 만들어도 되고 여러 마리를 만들어도 됩니다. 어떻게 표현하든 모두 자신의 나비입니다.

나비를 다 만들었다면, 작품을 감상해주세요. 혹시, 바꾸고 싶은 부분이 있나요? 만약 그렇다면 방법과 아이디어에 제한을 두지 말고 작업해보세요.

● '나비'로 표현하는 내 마음

1. 나무는 색지를 잘라서 붙였고, 하늘은 수채물감을 진하게 칠해서 표현했다. 추운 겨울, 나뭇잎 없이 앙상한 가지를 가진 나무다.

2. 그 나무에 나비가 날아들었다. 그런데 너무 많은 것 같아서 오히려 답답해 보인다.

3. 나무 그림 옆에 흰 종이를 덧대어서 공간을 확장해주었다. 나비가 이동하기 시작한다.

4. 새로운 공간과 나무가 있던 공간을 분리했다. 양쪽 모두 각자의 아름다움을 누리고 있다.

행복한
자화상

현재 기분이 어떠하고 고민이 무엇인지와는 관계없이 행복한 상태를 상상할 수 있다. 상상은 그 자체로 힘이 있다. 평온하며 따뜻한 자신의 모습을 상상해보자. 행복한 자화상 작업은 자신의 모습을 구체적으로 그려도 좋고 동물이나 식물, 사물에 감정이입을 해서 의인화해 그릴 수도 있다. 가끔은 의인화해서 그릴 때 표현이 더 풍부해진다.

 눈을 감고, 마음을 고요히 합니다.

여러 가지 생각들은 각자의 소리를 내지만, 이 소리를 줄일 수 있습니다. 볼륨을 줄이듯 마음의 소리를 서서히 줄여봅니다. 잠시 그 상태로 머무릅니다. 이제 자신의 행복한 모습을 떠올리고 그 상태를 그림으로 그려보세요.

J. Jue, 「항해하는 강아지」, 캔버스에 유채

감사,
마음의 빛

감사는 우리 앞에 놓인 조건이나 상황에서 비롯된 것처럼 보일 때가 많다. 멋진 성취를 이룬 사람이 금빛 상패를 받아들면서 감사 인사를 한다든가, 생일 선물을 받은 사람이 감사하다고 얘기하는 모습을 익숙하게 보았기 때문이다. 그러한 감사 인사 외에도 결이 다른 감사가 분명 존재한다.

감사는 느끼는 것에서 시작된다. 입 밖으로 말하지 않아도, 감사함을 느끼는 순간에 진심에서 우러나오는 순수한 에너지가 발생한다.

감사는 당연한 것으로 받아들이는 마음과 대척점에 있다. 상대의 노고를 당연시 여기면 감사의 마음이 들어설 곳이 없다. 감사는 분노와도 다른 층위에 존재한다. 억지로 감사할 필요는 없다. 다만 언젠가 마음에 조금 더 공간이 생긴다면, 그곳에 '감사'의 향기가 스미도록 하자.

다음 문장을 읽고 가장 먼저 떠오르는 것을 그려보세요.

"감사합니다."

감사함을 표하고 싶은 상대를 떠올려보세요. 상대가 반드시 사람이 아닐 수도 있겠네요. 특정한 대상은 떠오르지 않지만, 그저 감사한 순간일 수도 있습니다.

'감사'를 주제로 하는 미술 작업 역시 구체적으로 그릴 수도 있고 추상적으로 그릴 수도 있다. 만약 바쁘고 지친 상태라면 직접 그리기보다는 머릿속에 이미지를 그리자. 눈을 감고 이미지로 떠올리는 것만으로도 감사의 효과를 누릴 수 있다.

감사는 우리 몸안의 세로토닌을 높이는 묘약이다. 세로토닌은 행복 호르몬이라는 별칭이 있는데, 우울의 문제나 불안의 문제는 대체로 세로토닌이 잘 조절되지 않아서 생긴다. 그래서 우울증을 겪는 사람들에게 세로토닌 분비를 조절해주는 약물을 처방해준다. SSRI^{Selective Serotonin Reuptake Inhibitor, 선택적 세로토닌 재흡수 차단제}라고 알려진 우울증약은 세로토닌이 재흡수되는 것을 막아서 체내에 적정한 세로토닌 양이 유지되도록 한다. 세로토닌은 매우 중요한 호르몬이며, 불안의 문제를 약물치료 하는 과정에서도 SSRI를 사용한다.

실생활에서 약물의 도움 없이 세로토닌 양이 줄어들지 않게 조절하는 방법은 꾸준한 걷기 운동과 감사하는 마음을 갖는 것이다. 감사의 이미지를 떠올리는 것은 그 자체로 감사하는 마음에 구체적인 형태와

감사의 빛

색을 부여해준다. 이를 통해 긍정적인 마음이 더욱 분명해지고 더 강인
해질 수 있다.

감사가 우리 몸안에 퍼져나가는 것을 상상해보겠습니다.

감사의 빛이 몸안에 점점 퍼져나갑니다. 자신이 좋아하는 색으로 상상해도 좋고, 떠오르는 색이 없다면 노랑과 같은 밝은색을 선택해보세요. 가슴에서 밝은 기운의 감사가 퍼져나간다고 상상해볼게요. 자, 눈을 감고 시작하겠습니다. 가슴에서 우러나오는 따뜻하고 아름다운 감사, 그 기운이 이제 배로 내려갑니다. 배에서, 감사의 따뜻한 느낌이 잠시 머무르게 합니다. 자신의 배에 밝은 빛이 가득 차 있다고 상상해보세요. 그 빛들은 바깥세상도 밝게 만들어줍니다.

네, 이제 빛이 더 넓게 퍼지면서 다리로 내려갑니다. 허벅지와 무릎을 따라서 쭉 내려갑니다. 발가락까지 도달한 감사의 빛이 밝게 빛나고 있습니다. 그러고 보니 오늘 하루도 발은 말없이 묵묵하게 걸으면서 우리에게 또 하루의 삶을 선물해주었지요. 빛을 느끼면서 발에게 감사하다고 마음으로 얘기해주세요.

이제 다시 빛이 위쪽으로 올라옵니다. 배를 지나서 가슴을 지나 어깨에 이릅니다. 감사의 빛이 어깨를 비추면 수고한 어깨에도 고맙다고 조용히 말을 건넵니다. 삶의 무게를 견디는 고단함을 견뎌주었으니까요. 어깨가 무겁게 느껴지면 손으로 만져주어도 좋겠습니다. 팔과 팔꿈치, 손과 손가락에도 감사의 빛을 구석구석 보낸다고 상상해주세요.

이제 감사의 빛은 목에 머무릅니다. 목을 통해서 소리도 내고 음식도 삼켰습니다. 감사의 마음을 전해주세요. 마지막으로 감사의 빛은 턱에서 얼굴로, 머리 위까지 퍼져나갑니다. 밝고 따뜻하고 모든 만물을 생성시키는 그런 빛입니다. 혹시 통증 부위가 있다면, 그 부위에 감사의 빛을 머무르게 하며 따뜻하게 감싸주는 상상을 해주세요. 충분한 시간을 보냈다면, 이제 천천히 눈을 떠보세요.

미래를
만날 수 있다면

　앞으로 마주할 수많은 나날들이 때로는 막막하게 느껴지기도 한다. 그럴 때는 이미지 작업을 해보자. 반복해서 언급했지만, 생각하는 내용이나 고민하는 바를 눈으로 확인하는 작업은 문제해결에 도움이 된다. 시각적 형태의 이미지는 언어와는 다른 경로를 통해서 나온다. 어떤 문제에 대해 고민을 거듭해 머릿속으로 답을 찾았더라도 이미지로 그 답을 다시 확인하면 문제해결의 방향은 더욱 명확해질 수 있고 때로는 새로운 방향을 모색할 수도 있다. 설사 문제해결의 실마리를 찾지 못했다 하더라도 그림은 자신이 진정으로 원하는 바를 마주하게 한다. 머리가 아니라 손이 답을 주는 것이며, 이성과 논리가 아니라 직관과 감각이 길을 가리키는 것이다. 특히 인생에서 중요한 선택을 앞두고 있다면, 자신 앞에 펼쳐진 길이라는 주제를 한 번쯤 그려보기를 권한다.

J. Jue, 「내 앞에 펼쳐진 길」, 캔버스에 아크릴

 인생의 행로에서 앞으로 걷게 될 길의 풍경을 그려보세요.

상상 속의 풍경을 구체적으로 표현해보세요. 상상은 대상을 시각화하는 데 유용합니다. 상징적인 메시지를 가득 담고 있는 상상 속으로 걸어가봅시다.

무엇을
품어볼까?

    이번에는 품어주는 모습을 만드는 작업을 해볼까 한다. 품을 대상은 구체적일 수도, 추상적인 개념일 수도 있다. 현실적인 것일 수도 있고, 상징적인 것일 수도 있다.

    먼저 자신을 상징하는 사람 모양을 만들어보자. 움직이는 팔 모양을 고려해 철사로 표현하는 것이 좋겠다. 여러 가지 색깔의 색 철사를 사용할 수도 있다. 색 철사의 두께가 다양하므로 몇 가지를 써보고 마음에 드는 두께의 철사를 사용한다. 색 철사는 대부분 가늘기 때문에 가위로도 쉽게 자를 수 있다. 철사가 차가워 보인다면, 철사로 형태를 잡고 그 위에 털실을 둘러보자. 혹은 모루를 이용해서 작업할 수 있다. 모루는 털실 속에 가는 철사가 들어간 부드러운 끈 형태로, 자유자재로 원하는 모양을 만들 수 있다.

다양한 색깔의 색 철사

가위로 잘라서 사용한다.

　사람의 형태를 만들어서 그 사람이 무엇을 품어줄지 상상해보자. 작은 생명체일 수도 있고, 희망이나 소망일 수도 있다. 우리가 사는 지구를 품어줄 수도 있다.

 품에 무엇을 안아주고 싶나요?

다양한 재료를 사용해 자유롭게 만들어보세요. 그런 다음 품을 대상을 만들어주세요. 완벽한 형태가 아니어도 괜찮습니다.

우는 마음을 안아주는 손길

　이 작품은 우는 마음을 안아주는 강철 같은 손길을 색 철사를 사용해서 묘사한 것이다. 사람은 누구나 꿈을 꾸고 마음을 기울이는 주제가 있다. 그리고 자신이 마음을 기울인 그 주제를 따라서 삶의 흐름이 형성된다. 따뜻함을 꿈꾸는 사람은 따뜻함이 크게 확장될 것이고, 자기 자신을 품어줄 수 있는 사람은 자연스레 타인의 부족함까지도 품을 수 있는 역량을 갖추게 될 것이다.

우리가 사는
세상

    우리가 사는 세상을 이미지로 형상화해보자. 마음이 성장한다는 것은 삶을 바라보는 경계가 확대되고 그 지평이 더 넓어짐을 의미한다. 자존감이 낮거나 열등감이 있는 경우, 삶을 바라보는 시야도 덩달아 좁아진다. 자신을 구성하는 부분 가운데 부정적인 신호만을 포착해 곱씹어 바라본다면 그것은 편협하다 못해 병든 시각이 되어버린다. 자신의 못난 면과 잘난 면, 평범한 모습을 포함해 변덕스러운 면까지 두루두루 바라보아야 훨씬 더 성숙하고 성장한 상태에 도달할 수 있다. 나아가 삶을 조망하는 지평까지 넓어진다면 모든 인연의 소중함과 인생의 매 순간이 의미 있음을 새삼 깨닫게 될 것이다.

    작은 세계를 구현하는 작업을 해보자. 그 세상에 대해 우리는 어떤 마음을 느끼는가? 우리가 발을 딛고 사는 이 아름다운 별, 지구를 만들

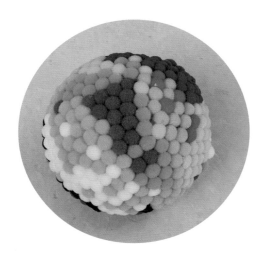

폼폼이로 만든 지구

점토와 장식재료로 만든 지구

어보자.

사진 분야에서 유래된 촬영법으로 '앙시'와 '조감'이 있다. 앙시는 대상을 바닥에서 올려다보는 것이고, 조감은 공중에서 대상을 내려다보는 것이다. 실제로 새가 되면 세상은 어떻게 보일까. 패러글라이딩을 해본 사람들이나 높은 산 정상까지 올라가본 사람들, 낙하산을 타본 사람들은 그 첫 경험이 말할 수 없이 감동적이었다고 입을 모은다. 관점이 달라지면 새로운 감동이 몰려온다.

조형 작업을 통해 지구를 만드는 것은 새의 관점, 아니 우주비행선의 관점에서 세계를 구현하는 일이다. 이 작업을 하다보면 마음은 넓어지고 갈등의 크기는 작아지며 존재의 유한함과 작고 소중한 것들에 대해서 돌아보게 된다. 삶은 놀라운 것이며 우리가 사는 지구가 얼마나 아름다운지 불현듯 깨닫게 될 것이다.

내 마음의
대나무숲

성숙해진다고 해서 흠이나 결점, 약점이 없어지는 것은 아니다. 행복해진다고 해서 일상에서 경험하는 짜증스러운 일이 완전히 사라지는 것도 아니다. 살면서 꾸준히 부딪히고 자잘하게 신경 쓰이는 일들은 계속해서 생긴다.

성숙해진다 함은 자신과 삶 앞에서 솔직해지는 것이지, 모든 일에 초연해서 우아한 모습만 보이는 것이 아니다. 그런 의미에서 우리에게 대나무숲 하나쯤은 필요하지 않을까. 남의 눈치 보지 않고 있는 그대로의 속마음을 이야기할 수 있는 대나무숲 말이다. 물론, 미술 작업 자체가 대나무숲이 되어주기도 한다. 대나무숲을 그리는 동안 마음이 정화되는 경험을 할 수 있을 터. 그림에 표현하고 싶은 부분들을 구체적으로 표출해보자.

나만의 대나무숲

 나만의 대나무숲을 그리거나 만들어보세요.

명화를
즐기는 방법

좋아하는 명화를 적극적이고 능동적으로 즐기는 방법 가운데 하나는 그 그림을 따라 그리는 것이다. 따라 그리기 위해 관찰하다보면 익숙하게 잘 아는 그림이라 하더라도 이전에 보지 못했던 부분을 새롭게 발견하게 된다. 채색 도구를 사용해서 그리거나 색다른 재료를 활용해보는 것도 좋다.

반 고흐의 작품은 색이 분명하고 붓터치도 생생해서 라인클레이로 따라하기 좋다. 라인클레이는 말 그대로 선 모양으로 된 점토 종류로 사용법이 간편하다. 이번 작업에서 바탕은 흰 도화지보다는 색지를 선택해서 시작해보자. 진한 색을 배경으로 삼으면 라인클레이의 색깔이 더 밝고 선명하게 두드러진다.

라인클레이

- 라인클레이로 명화 따라 그리기

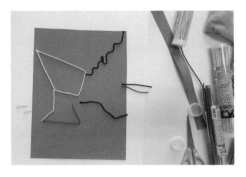

1. 라인클레이로 고흐의 「밤의 카페 테라스」를 그려보자.
중요한 외곽선부터 표시해준다.

2. 핵심적인 부분부터 붙여나간다.

3. 완성된 「밤의 카페 테라스」

빈센트 반 고흐, 「밤의 카페 테라스」, 캔버스에 유채,
81×65.5cm, 1888년, 크뢸러뮐러미술관

라인클레이 작업은 형태의 큰 외곽선을 잡아준 뒤 중요한 부분부터 채워나가면 된다. 라인클레이가 종이에 쉽게 붙지는 않아서 손으로 꾹 눌러주어야 한다. 이 점토의 장점은 'U'자 형으로 구부려도 끊어지지 않는다는 점이다. 끊길 염려 없이 마음껏 선을 구부릴 수 있다. 다만, 점토의 색깔이 섞이지 않는다는 점은 아쉽다. 원하는 모든

검은 도화지 위에 완성한 「별이 빛나는 밤에」

색이 있는 것은 아니므로 구현하려는 명화의 핵심 색깔을 표현했다면 나머지는 상상력을 발휘하자. 완전히 똑같아야 한다는 강박을 버리자.

바탕이 어두울수록 라인클레이가 더 빛나겠다 싶어서 그다음 작품으로는 「별이 빛나는 밤에」를 선택했다. 이 그림도 후대 사람들에게 많은 사랑을 받는 반 고흐의 작품이다. 고흐가 자신의 귀를 스스로 자른 뒤 정신병원에 입원해서 그린 작품이라고 한다. 그림에 나타난 강렬한 붓터치와 소용돌이치는 듯한 밤하늘의 묘사에서는 불안한 마음이 느껴지지만 다른 한편으로는 그림이야말로 고흐에게는 지독히 힘들었던 시기에 삶을 버틸 수 있게 해주는 힘이 되어주었으리라 생각한다.

라인클레이를 이용해 명화 따라 그리기를 한다면 참고 작품은 선이 두드러진 그림을 선택하기를 추천한다. 명화와 똑같이 만들 필요는 없고 그림을 보면서 변형해보고 싶은 부분은 바꾸어도 된다. 그렇게 하더라도 원작을 충분히 바라보고 깊이 느낄 수 있다.

먹물로
마음수련

모든 색이 모이는 검은색과 모든 빛이 모이는 흰색은 각기 완벽한 색이라 볼 수 있다. 완벽한 두 색을 담은 수묵화는 먹의 농담을 이용하여 그린 그림이다. 우리 선조들은 마음을 가다듬고 예를 익히기 위해 수묵화를 그렸다. 수묵화를 그리는 행위에서 내면의 깊이를 헤아린다고 본 것이다. 그림으로 표현되는 선의 흐름과 음영의 통제, 손의 압력 등 그림에 담긴 모든 요소에는 그림 그리는 사람의 마음과 정신 상태가 고스란히 반영된다.

마지막으로 먹물로 그림을 그리거나 글씨를 썼던 때는 언제인가? 혹시 기억이 까마득하다면 이제부터 먹물 그림을 그려보길 권한다. 이왕이면 벼루에 먹을 가는 일부터 시작했으면 한다. 먹을 가는 동안 마음이 고요해지며 생각이 줄어드는 경험을 할 수 있기 때문이다. 먹을

먹물로 그린 산 풍경

가는 일부터가 이미 그림 그리기의 시작이다.

먹을 한참 갈다보면, 균일하게 갈리지 않고 어느 한쪽으로 치우치게 된다. 어떤 스승은 이를 두고 마음이 한쪽으로 기울어진 상태라 꼬집은 적이 있었는데, 그림이 곧 마음의 반영이자 그 사람의 정신을 담기 때문에 한 이야기였을 것이다. 먹을 갈기 어렵다면 시판되는 먹물을 사용해도 좋다. 먹물로 글이나 화초, 마음속 풍경을 그리면서 새로운 자극을 얻고 마음의 평온도 찾자.

파스텔화를
그려봅시다

파스텔은 크게 오일파스텔과 초크파스텔로 나뉜다. 오일파스텔은 어린 시절, 그림 그릴 때 자주 사용한 크레용과 유사하다. 가루가 잘 날리지 않고 윤기가 있으며 부드럽고 풍부한 느낌을 준다. 초크파스텔은 소프트 파스텔이라고 부르기도 하며 우리가 흔히 파스텔이라고 알고 있는 미술 재료다. 가루가 많이 생기고 손으로 문질러서 색을 섞기 쉬운데, 수업시간 칠판에 사용하던 분필을 떠올리면 된다.

먼저, 초크파스텔을 살펴보자. 초크파스텔에 적합한 종이는 표면에 요철이 있는 파스텔 전용 도화지다. 거친 표면에 파스텔화를 그리고 싶다면 미탱트Mi-Teintes지를 추천한다. 미탱트지는 흰색 외에 베이지톤과 그레이톤 등이 있어 선택의 폭이 넓다. 또 검은색 종이 위에 그리면, 파스텔 색감이 더 선명하게 보인다. 그 외에 머메이드지나 브리스톨지도

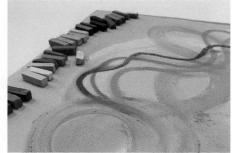

오일파스텔 초크파스텔

표면에 요철이 있어 파스텔화 작업에 알맞다. 혹 이러한 화지가 없다면, 아쉬운 대로 쉽게 구할 수 있는 매끈한 켄트지를 사용해도 괜찮다.

켄트지가 매끄러워서 파스텔화에는 적합하지 않다고도 하지만, 나는 미술치료를 공부할 때 켄트나 일반 인쇄용지 등 종이 종류를 가리지 않고 작업했다. 1년에 한 번씩은 미술치료 학생들이 주축이 되어 대학 교정 내의 아스팔트 도로 위에서 파스텔로 그림을 그리는 축제도 진행했었다. 도로에 그림을 그릴 수 있게 축제 날에는 차량을 통제하고, 도로 곳곳에 파스텔을 비치해두어 누구나 바닥에 앉아 파스텔로 각종 그림을 그리고 글도 쓰면서 즐거워했다. 그만큼 다양한 방식으로 작업해볼 수 있다는 얘기다.

참, 초크파스텔은 입자가 고운 분말로 되어 있어 가루가 쉽게 날린다. 작업을 마친 뒤 그림을 보관하고자 한다면 정착액(픽사티브)을 사용하자. 정착액을 뿌릴 때는 환기가 잘 되는 곳이나 실외에서 대상에서 조금 떨어져서 골고루 분사하도록 한다.

도로 위에 파스텔로 그림 그리는 사람들

　다음은 오일파스텔이다. 오일파스텔은 우리가 학창시절 미술 수업에서 친숙하게 접해본 재료다. 그때는 크레파스나 크레용이라는 이름으로 불렀을 것이다. 크레파스는 상품명이며 오일파스텔과 같은 종류다. 크레용과 크레파스(오일파스텔)는 미세한 성분 차이가 있는데, 크레용은 왁스 성분이고 오일파스텔은 오일과 왁스가 섞여 있다. 그래서 오일파스텔이 크레용보다 더 부드럽고 풍부한 느낌을 준다. 어떤 사람들은 크레용으로 그림을 그리다가 오일파스텔을 쓰면 마치 버터로 그림을 그리는 느낌이라고까지 말한다.

　오일파스텔은 대체로 초크파스텔보다 기름기가 있고 가루가 날리지 않아 사용하기가 더 수월하다. 또한 종이와 캔버스 외에도 돌이나 유리 같은 표면에 쉽게 그릴 수 있다. 미술치료사인 지인은 치료 수업에서

찰필은 깎지 않은 막대 연필처럼 생겼다. 칼로 쉽게 깎아 연필처럼 쥐고 사용하면 된다.

찰필을 사용하기 전

찰필을 사용해서 문질러준 상태

사포 위에 오일파스텔을 활용해 그림 그리는 작업을 진행했는데, 발색이 잘 되어서 참가자들이 만족스러워했다고 한다. 분위기 있는 작품으로 남기고 싶을 때는 초크파스텔의 도화지로 소개한 미탱트지에 그리는 것을 추천한다.

오일파스텔 작업은 그리기와 칠하기를 중심으로 이루어진다. 색을 섞고 싶으면 한 가지 색의 오일파스텔을 칠한 뒤, 그 위로 다른 색을 덧칠하면 된다. 자연스럽게 색을 섞으면서 발색도 좋게 하려면 '찰필'이라는 도구를 사용하자. 찰필은 종이를 빽빽하게 돌돌 말아 연필처럼 만든 것인데, 직접 만들어도 되고 기성제품을 이용해도 된다. 찰필 자체는 색이 없지만 오일파스텔의 혼색을 도우며 섬세한 부분 묘사를 할 때에도 사용할 수 있다. 초크파스텔을 손으로 문질러 효과를 내는 것과 유사한 방법이라고 이해하면 된다. 사람의 신체에는 기름기가 있기 때문에 손가락으로 오일파스텔을 문지르기가 쉽지 않다. 그럴 때 찰필로 오일파스텔을 문지르면 된다.

오일파스텔 기법 중에 긁어내기 방법을 스그라피토sgraffito라고 한다. 어린 시절에 색색의 크레파스를 칠한 뒤 검은색으로 덮고 그 위를 긁어냈던 기억이 있을 것이다. 그것과 유사한 방식으로 오일파스텔을 칠한 뒤, 그 위에 다른 색으로 완전히 덮은 다음 나무 막대기나 페인팅나이프같이 딱딱한 도구로 표면을 긁어내보자. 그러면 표면의 색이 벗겨지면서 처음에 칠했던 색만 남게 된다.

오일파스텔로 점묘화 작업을 해보는 것도 추천한다. 오일파스텔로 점선을 그은 다음, 같은 방식으로 전체 화면을 여러 가지 색깔로 채워보자. 점묘화 작업을 할 때는 색 선택에 있어 과감해도 된다. 다양한 색이 섞여서 어떻게 보일지 염려하지 말고 자유롭게 점을 찍어보자. 점 찍기에 열중하다가 잠시 뒤로 물러나서 자신의 작품을 보면 무슨 색을 더 찍어줘야 할지 금방 눈에 들어올 것이다. 신인상주의 화가 조르주 쇠라처럼 색조를 나누면서 점 찍기의 즐거움을 누릴 수 있을 것이다.

오일파스텔로 섬세하고 얇은 선을 긋거나 세밀한 작업을 하고 싶은데 오일파스텔은 조금만 사용해도 끝이 뭉툭해지기 때문에 쉽지가 않다. 그럴 땐 앞서 소개한 찰필을 사용하거나 다른 회화재료를 섞어 쓰면 좋다. 함께 쓰기 좋은 대표적인 재료는 색연필이다. 색연필은 유성과 수성으로 구분되는데, 오일파스텔로 그림을 그렸다면 유성 색연필이 무난하게 어울린다. 다른 회화재료로 작업을 하고 그 위에 오일파스텔을 덧입히는 것도 좋은 방법이다.

마지막으로 오일파스텔로 그림을 그릴 때 사소하지만 신경 쓰이는

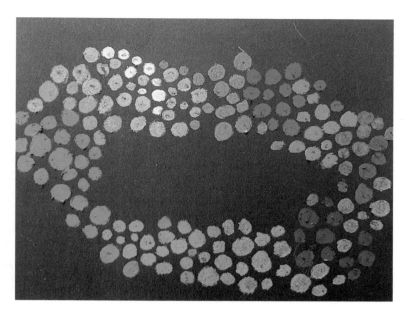

검정 도화지 위에 오일파스텔로 그린 그림. 흰 도화지와 또다른 느낌을 준다.

몇 가지 것들이 있다. 먼저 그림을 그리다보면, 밝은색 오일파스텔에 다른 색이 묻어 있는 경우가 종종 생기기 마련이다. 사용한 색은 바로 키친타월로 닦아 다음에 그 색을 사용할 때 깔끔한 색이 나오도록 준비해두자. 둘째, 작업 중인 도화지 아래에 신문지나 이면지 등을 넓게 펼쳐놓고 작업하자. 오일파스텔이 주변에 묻어 지저분해질 수 있다. 셋째, 오일파스텔을 쓰다보면 작게 덩어리지는 찌꺼기가 생기는데 한번씩 털어주자. 물티슈로 가볍게 툭툭 치면서 털어내거나 연필 깎는 칼 등으로 살살 걷어내자. 혹 색깔을 섞는 중이었다면 찰필을 이용해서 문지르자. 작은 덩어리까지 남김없이 깔끔하게 사용할 수 있다.

H. Jue, 「무제」, 한지에 혼합재료

오일파스텔 그림을 즐겨 그린 예술가들 가운데 파블로 피카소를 꼽을 수 있다. 일본산 오일파스텔을 쓰던 피카소는 전쟁으로 인해 제품 구입이 막히자, 프랑스 화구회사 시넬리에를 설득해서 오일파스텔을 생산하도록 했다. 앙리 툴루즈 로트레크 역시 오일파스텔을 사용한 인물화와 스케치 작업을 즐겼다. 귀족 출신이었던 로트레크는 술집 여인들을 모델 삼아 파스텔 작품을 많이 남겼다. 특히 일상적인 모습을 스케치하듯 빠르게 그린 작품과 독특하고 아름다운 색채를 담은 로트레크의 오일파스텔 작품을 권하고 싶다. 오일파스텔이라는 매체의 아름다움을 느낄 수 있을 것이다.

고요하게 바라보면
좋을 명화

인간관계를 건강하게 유지하기 위해서는 대상을 온전히 느끼고 편견없이 바라보는 자세가 중요하다. 관계에서 부딪히는 문제를 고민하다보면 비판하거나 평가하게 된다. 그냥 있는 그대로를 느끼는 것, 고요하게 바라보는 것이 중요하다.

미국의 대표적 인물화가 중 한 사람인 존 싱어 사전트John Singer Sargent, 1856~1925는 1856년 이탈리아에서 태어나 이후 미국 국적을 취득했으며, 1925년 세상을 떠나기 전까지 대략 900여 점의 유화와 2000여 점의 수채화 등 수많은 작품을 남겼다. 유려한 붓터치와 완벽에 가까운 인물 재현으로 귀족 가문과 상류사회의 초상화 요청이 많았고, 덕분에 사전트는 살아생전 상당한 인기를 얻었다. 하지만 미술계에서는 20세기 후반이 되어서야 그의 작품성을 인정해주었다고 하니, 모든 것을

존 싱어 사전트, 「카네이션, 백합, 백합, 장미」, 캔버스에 유채, 174×153.7cm, 1885~86년, 테이트 브리튼

가질 수는 없었나 보다.

이 같은 화가의 일대기를 들으면, 인정을 받는 일이나 사회적 성공, 관계, 세계관 등에 대해 다시금 생각하게 된다. 나는 사전트를 모르는 상태에서 처음 작품을 접하고 그 앞에서 경외심으로 얼어붙는 경험을 한 적이 있다. 내가 그렇게까지 감동했던 작품은 바로「앰버그리스의 연기Fumee d'Ambre Gris」이다. (미국 동부 매사추세츠주 윌리엄스타운에 위치한 클라크미술관의 소장품으로 미국 내에서 순회 전시를 할 때 워싱턴 D.C. 내셔널갤러리에서 이 작품을 만날 수 있었다.)

앰버그리스는 우리말로 용연향이라고 한다. 용연향은 번식기의 수컷 향유고래가 암컷을 차지하기 위해 다른 수컷과 경쟁하고 싸우면서 스트레스를 받아 충분히 소화하지 못한 배설물로, 고급 향수의 원료로 쓰인다. 북아프리카에서는 용연향을 종교의식에 사용하기도 했다. 용연향은 바다에 떠다니거나 해안가로 떠밀려오는데, 운 좋게 이를 건져 올린 어부들은 엄청난 부자가 되었다고 한다.

「앰버그리스의 연기」는 액자를 제외하고 그림 자체의 크기만 가로 90센티미터, 세로 139센티미터로 상당히 큰 작품이다. 흰색이 주조를 이루고 실제에 가까운 완벽한 묘사와 신비로운 종교적 분위기를 자아낸다. 흰색이 주는 압도적인 우아함과 감히 우러러보기 어려운 엄숙미가 공존한다.

그림에 압도되었던 마음이 조금 진정되고 나서는 그림 속 종교의식이 무엇인지 궁금했다. 그림 속 여인의 이야기도 더 찾아보고 싶었다. 머리 위에 덮은 흰색 천은 마치 조선시대 여인들의 쓰개치마를 연상시킨다. 애석하게도 그림에 관한 이야기는 뚜렷하게 밝혀진 것이 없다.

존 싱어 사전트, 「앰버그리스의 연기」, 캔버스에 유채, 139.1×90.6cm, 1880년, 클라크미술관

페르디낭 호들러, 「선택받은 자」, 캔버스에 유채 · 템페라, 219×296cm, 1893~94년, 베른 미술관

사전트가 북아프리카를 방문했던 1879년 이 작품을 염두에 두고 작업했으며, 여러 장의 스케치를 거쳐서 1880년에 완성한 작품을 발표했다는 정도가 전부였다.

당대 최고의 인물화가로 자신의 작품이 거액에 판매되는 경험을 한 특출난 화가는 어떤 마음으로 용연향을 주제로 한 종교의식을 그렸을까? 마음 한편에서 초월적 세계에 대한 갈증이 있었던 것은 아닐까, 상상해본다.

다음 소개하고 싶은 명화는 2장에서도 언급한 페르디낭 호들러의 작품이다. 상징주의에 기반한 인물화로, 마음을 사로잡은 그림이자 제목 자체로서도 큰 위안을 주는 작품이다. 「선택받은 자The Chosen One」라는 근사한 제목의 이 작품은 여성의 모습을 한 천사들이 기도하는 어린아이를 둘러싸고 있는 모습을 담고 있다. 가로 길이만 3미터 가까이 되어 벽면을 하나 가득 채울 정도로 거대하다. 그 덕분에, 그림 앞에 선 관람자는 그림 속 어린아이가 되어버린 듯 천사를 마주하게 된다. 천사의 얼굴을 보려면 관람자도 고개를 위로 들어야 하기 때문이다. 모두 여성으로 묘사된 천사는 영적인 어떤 존재일 수도 있고, 모성을 상징하거나 호들러가 사랑해 마지않았던 자연 또는 자연과 인간의 조화를 상징하는 것이 아닐까 생각한다.

우울하고 불안한 시대를 사는 우리는 때로 운명 앞에서 힘이 없다는 좌절감을 경험하고 종종 무릎 꿇게 된다. 그럴 때 우리 곁에 어떤 모성을 가진 힘들이 저렇게 둘러싸고 응원해준다면 얼마나 위로가 될까. 아픈 마음을 보듬어주는 작품의 제목을 주시하면서, 미술이 여러분의 앞날을 응원하고 다독여주었으면 한다.

혼자서 시작하는 아트 테라피

그림으로 마음의 안부를 묻다

© 주리애, 2021

초판 인쇄	2021년 6월 11일
초판 발행	2021년 6월 21일

지은이	주리애
펴낸이	정민영
책임편집	김소영
편집	임윤정
디자인	김이정
마케팅	정민호 김도윤
제작처	영신사

펴낸곳	(주)아트북스
출판등록	2001년 5월 18일 제406-2003-057호
주소	10881 경기도 파주시 회동길 210
대표전화	031-955-8888
문의전화	031-955-7977(편집부) | 031-955-2696(마케팅)
팩스	031-955-8855
전자우편	artbooks21@naver.com
트위터	@artbooks21
인스타그램	@artbooks.pub

ISBN	978-89-6196-391-6 03180